Karlheinz Koppe

Mehr Europa – Weniger Bürokratie

Sozialwissenschaftliches Forum
Band 3

Herausgegeben von
Paul Kevenhörster und Franz Lehner

Karlheinz Koppe

Mehr Europa – Weniger Bürokratie

Eine Gemeinschaft erstickt an sich selbst

Mit einem Vorwort von
Hendrik Brugmans

Athenäum Verlag Kronberg/Ts.
1978

CIP-Kurztitelaufnahme der Deutschen Bibliothek

Koppe, Karlheinz:
Mehr Europa, weniger Bürokratie : e. Gemein=
schaft erstickt an sich selbst. – 1. Aufl. –
Kronberg/Ts. : Athenäum-Verlag, 1978.
(Sozialwissenschaftliches Forum ; Bd. 3)
ISBN 3-7610-8215-0

Unschlaggestaltung: Gerhard Keim, Frankfurt/M.
Gesamtherstellung: Friedrich Pustet, Regensburg
Printed in Germany
ISBN 3-7610-8215-0

Inhaltsverzeichnis

Einführung

Dieses Buch ist ein Sachbuch, keine wissenschaftliche Abhandlung zum Thema Europa. Es ist in der Absicht geschrieben, Bürgerinnen und Bürgern jeden Alters mit Blick auf die geplanten europäischen Wahlen eine Orientierungshilfe zu geben. Dabei kam es mir mehr auf die Darstellung von Zusammenhängen als auf die Präsentierung von Statistiken und Details an. Die Anmerkungen verweisen auf Quellen und damit auf die wichtigste Fachliteratur, die ein Leser heranziehen kann, der an einer bestimmten Fragestellung interessiert ist. Ein Stichwortregister soll es dem eiligen Leser erleichtern, schnell einen ihn gerade interessierenden Zusammenhang wiederzufinden. Dieses Register ermöglicht es insbesondere, die europäischen Programme der Parteien zur Europawahl, die bei den Parteizentralen kostenlos angefordert werden können, auf ihren inhaltlichen Gehalt hin zu überprüfen. Schließlich habe ich dieses Buch mit Blick auf Anfragen aus dem Bereich der Bildungsarbeit im schulischen und außerschulischen Bereich geschrieben. Die zahlreichen in meinem Buch offen gebliebenen Fragen bieten sich gerade für Gespräche, Diskussionen und Tagungen an. Das Offenlassen von Fragen ist die Folge der Tatsache, daß bei einem so komplexen Thema einfach nicht alle Fragen beantwortet werden können. Ein Teil der Antworten wird davon abhängen, wie weit die Öffentlichkeit, also der Bürger und Leser selbst, die in diesem Buch aufgeworfenen Fragen aufgreifen wird. Insoweit will mein Buch auch einen Beitrag zur Demokratie, zur selbständigen Meinungsbildung liefern.

Der vorliegende Band geht unter anderem ausführlich auf den Bericht ein, den der belgische Ministerpräsident *Leo Tindemans* auf Vorschlag der Staats- und Regierungschefs zu Fragen der *Europäischen Union* verfaßt hat. Dieser Bericht ist auch in der deutschen Öffentlichkeit bekannt (vgl. Anmerkung 2). Weniger bekannt dagegen ist, daß der niederländische Außenminister einen gesonderten Ausschuß eingesetzt hatte, der eine sehr ausführliche und kritische Stellungnahme zum Stand der europäischen Integration und zu den Chancen für die Verwirklichung der *Europäischen Union* abgab. Es erschien mir hilfreich und nützlich, das zusammenfassende Kapitel dieses nach dem Vorsitzenden des Beratungsausschusses *Spierenburg-Bericht* genannten Dokuments als Anhang beizufügen (vgl. Anmerkung 3).

Besonderen Dank schulde ich meinem Freund Hendrik Brugmans, mit dem ich seit 25 Jahren regelmäßig, oft stundenlang die meisten der Probleme durchgesprochen habe, die ich in diesem Buch anschneide. Das ausführliche Vorwort, das Brugmans zu meinen Thesen, Überlegungen und Argumenten geschrieben hat, ist zugleich Beispiel dafür, wie der Dialog über Europa und über Lebensfragen unserer Gesellschaft geführt werden kann. Ich lernte Brugmans 1952 kennen, als er im Exekutivkomitee der Union Europäischer Föderalisten saß und ich gerade meine erste Stelle als deutscher Sekretär im Büro der UEF in Paris angetreten hatte. Dank dieser Stellung im Zentrum der damaligen Auseinandersetzung um den richtigen Weg zur europäischen Föderation hatte ich Gelegenheit, die wichtigsten europäischen Staatsmänner, darunter fast alle jene, die ich in meinem Buch namentlich nenne, kennenzulernen. Manche Details, die ich erwähne, gehen auf solche persönlichen Begegnungen und Gespräche zurück. Unter der Präsidentschaft Brugmans' war ich dann mehrere Jahre Generalsekretär der zweiten föderalistischen Internationale, der Aktion Europäischer Föderalisten, und zugleich Generalsekretär des Deutschen Rates der Europäischen Bewegung, bis ich 1970 meine Funktionen niederlegte. Seither verfolge ich die europäische Entwicklung zwar aus größerer Distanz aber keineswegs mit verminderter Intensität. Dank schulde ich auch zahlreichen früheren Mitarbeitern, Kollegen und Freunden aus europäischen Organisationen und Verbänden, die mir – gelegentlich ohne es zu wissen – mit ihren Publikationen oder in Gesprächen Stoff für meine Kritik an der europäischen Einigung und an den Europäern geliefert haben, zu denen ich mich unbeschadet dieser Kritik nach wie vor rechne. Allerdings bin ich nicht nur und einfach Europäer, sondern Föderalist, das heißt, daß der Einsatz für eine europäische Föderation für mich nur dann einen Sinn hat, wenn sie den Menschen in ihrem Nahbereich mehr Autonomie, mehr Freiraum bringt, wenn die Übertragung von Befugnissen auf die europäische Ebene durch mehr Selbstverantwortung auf den unteren Ebenen der Regionen und Gemeinden, im unmittelbaren Umfeld des Menschen, ausgeglichen wird. Denn eben so wenig wie der nationale Staat darf auch die europäische Föderation kein Selbstzweck sein, sie muß dem Menschen dienen. Dies verkannt zu haben, ist vielleicht der größte Fehler, den wir Europäer in den vergangenen Jahren gemacht haben.

Karlheinz Koppe

Vorwort
von Hendrik Brugmans

„Von Sizilien bis Schweden – reden, reden, reden . . ." So lautete ein Transparent, das plötzlich bei irgendeiner Sitzung auf der Zuschauergalerie entfaltet wurde. Der Verantwortliche: Karlheinz Koppe. Die distinguierten Tagungsteilnehmer zeigten für diese Provokation wenig Verständnis.

An diesen Vorfall mußte ich denken, als ich das jetzt vorliegende Buch durchsah. Koppes kämpferische Natur hinderte ihn nicht, stets seinen eigenen Standpunkt zu hinterfragen. Er trat unablässig und mit beispielhafter Loyalität für die europäische Sache ein, lehnte es aber immer ab, mit dem Strom zu schwimmen, sich konformistischem Druck zu beugen. Er bekannte sich zum Föderalismus, weil er gegen den *status quo* rebellierte, und wurde dabei selbst zum Rebellen in der föderalistischen Bewegung.

Rebell, gewiß, aber zu ehrlich, um sich einfach dem Protest irgendeiner linksradikalen Gruppe anzuschließen. Immer war er bereit, an die Stelle von Ausrufungszeichen Fragezeichen zu setzen. Und stets ging es ihm um die Praxis. Die Reflexion ist für ihn kein intellektuelles Vergnügen, auch keine Arroganz, mit der er sich von der großen Masse seiner Mitmenschen abhebt, sondern Voraussetzung für politisches Handeln, das mit den psychologischen und gesellschaftlichen Realitäten möglichst eng verhaftet ist. Besser begreifen, um besser handeln zu können – hier ist der Zweck seines Denkens zu erkennen.

Pour mieux discuter, il faut être d'accord, lautet eine französische Redewendung. Da ist etwas Wahres dran. Eine Debatte lohnt nur, wenn man in bestimmten grundlegenden Prinzipien und entscheidenden Zielen übereinstimmt. Sonst würde sie zum Dialog der Tauben. Weder Koppe noch ich gehören zu den Tauben. Wir rechnen uns zu jener Kategorie von Menschen, die einander verstehen möchten, die unterschiedliche Meinungen feststellen – das gehört ohne Zweifel dazu – und die dem anderen zuhören. Das ist der Dialog, der der Mühe wert ist.

In diesem Verständnis habe ich die folgenden Seiten geschrieben. Das, worin ich mit Koppe nicht einig gehe, wird deutlich zutage treten. Der Leser sollte jedoch darüber weder die Freundschaft, die mich mit ihm verbindet, noch das gemeinsame Ideal, für das wir beide eintreten, vergessen.

I

Zunächst drei Bemerkungen zum historischen Teil. Sie sind weniger als Polemik, sondern als Ergänzung zu Koppes Text gedacht.

Zum einen möchte ich einen Gedanken vertiefen, den Koppe nur andeutet, nämlich die Anfänge der Spannungen zwischen Föderalisten und Unionisten innerhalb der Europäischen Bewegung.

Diese Spannungen gingen keineswegs auf Unvereinbarkeiten im persönlichen Bereich zurück, auch wenn das Temperament, mit dem beide Gruppen ihre Positionen vertraten, vor allem *Duncan Sandys** und ich selbst, natürlich eine gewisse Rolle spielte. Der wesentliche Streitpunkt war darin zu sehen, daß die Unionisten lediglich bereit waren, bestimmte Prärogativen der Nationalstaaten zur Überwindung der Grenzen in Europa zu opfern, während ihre föderalistischen Gegenspieler die Schaffung einer völlig neuen Ordnung anstrebten. Die einen wollten nur Ballast abwerfen, um das Entscheidende zu wahren, wie weiland der Prinz von Gattopardo, der nur deshalb etwas ändern wollte, *damit sich nichts ändert*. Die anderen knüpften an den europäischen Widerstand an und sahen in der föderalen Einigung des Kontinents die unverzichtbare Voraussetzung für radikale Veränderungen.

Beide Tendenzen konnten zwar ein Stück des Weges gemeinsam zurücklegen, im letzten aber blieben ihre Ziele miteinander unvereinbar. Man kam sich allerdings in so weit entgegen, als die Föderalisten allmählich ihre revolutionären Hoffnungen aufgaben. Was hätten sie auch anderes tun sollen! Worauf hätten sie sich stützen können? Osteuropa wurde schon bald *gleichgeschaltet*, die *Labour-Party* interessierte sich nur für die Verwirklichung des eigenen nationalen *Welfare State*, die breite Öffentlichkeit war vom Kriege zu erschöpft und viel zu sehr mit dem materiellen Wiederaufbau beschäftigt, um sich auf irgendwelche Abenteuer einzulassen.

Vor diesem Hintergrund muß man die Erklärung des Haager Kongresses sehen, in der wiederholt der Doppelbegriff „Union oder Föderation“ auftaucht. Nur einmal – aus Unachtsamkeit – blieb allein der zweite Begriff stehen. Die Föderalisten sahen darin einen bescheidenen taktischen Sieg. Strategisch waren sie überzeugt, daß der Integrationsprozeß, wenn er erst einmal angelaufen sei, seine eigene Dynamik entwickeln werde. Hatte nicht auch Amerika zunächst mit einer lahmen Konföderation begonnen, sich dann aber – durch Erfahrung eines besseren belehrt – geradewegs zur Föderation entwickelt? Diese optimistische Erwartung sollte sich freilich nicht erfüllen. Das heißt – und das ist meine zweite Bemerkung – wir waren dem Ziele nahe, als die Montanunion gegründet und die Verteidigungsgemeinschaft unterzeichnet war, die in ihrem Artikel 38 den Kern der politischen Union beinhaltete. Es erschien uns damals unlogisch und damit undenkbar, auf halbem Wege stehenbleiben zu wollen. Aber die Unlogik der Franzosen kannte keine Grenzen, was – zumindest anfangs – niemand erwartet hatte. Schließlich waren es die Franzosen gewesen, die den Gedanken der *europäischen Armee* ins Spiel gebracht hatten und ihn dann torpedierten! Frankreich hatte sich geschwo-

* Duncan Sandys, konservativer Unterhausabgeordneter und Schwiegersohn Churchills, wurde erster Vorsitzender des Exekutivbüros der 1948 gegründeten Europäischen Bewegung und war der wichtigste Gegenspieler der Föderalisten um Hendrik Brugmans (Anmerkung des Verfassers).

ren, nie wieder eine nationale deutsche *Wehrmacht* zuzulassen. Und was hat es im Oktober 1954 ermöglicht? Genau das, was es nicht wollte: eine deutsche Armee. Kurzum, wir hatten damals allen Grund, an den *Sachzwang* der präföderalen Evolution zu glauben. Aber wir hatten den psychologischen Widerstand der Franzosen, vor allem das leidenschaftliche Festhalten an ihrer militärischen Vergangenheit unterschätzt. Wir hatten uns geirrt, doch schäme ich mich dessen nicht.

Mein dritter Punkt ist kritischer. In einer Fußnote äußert Koppe die Auffassung, daß die Sowjetunion auch Gründe gehabt habe, eine westliche Aggression zu fürchten. Hier irrt er sich. Natürlich war die Erinnerung an die Hitlerinvasion noch wach und wurde zum Trauma in der Sowjetunion wie auch anderswo. Aber es gab keine militärische Bedrohung. Schon der Gedanke daran ist absurd. Bis 1949 verfügten die Amerikaner noch über das Atombombenmonopol. Sie haben nicht davon Gebrauch gemacht. Und Europa war viel zu schwach, viel zu erschöpft, um überhaupt an militärische Operationen denken zu können. Die umgekehrte Sorge war viel berechtigter. Moskau hatte immerhin 700000 Quadratkilometer schlicht und einfach annektiert, von den *Satellitenregierungen* in Ost- und Mitteleuropa ganz abgesehen. Nein! Wenn in der ersten Hälfte der fünfziger Jahre (genau gesagt bis zu Stalins Tod im März 1953) Europäer von Angst geplagt waren, dann waren es die Westeuropäer, die allen Grund dazu hatten!

II

Doch zurück zur Gegenwart. In Koppes Analyse und folglich auch in seinen Vorschlägen finde ich positive Elemente, denen ich zustimme, andere Elemente, auf die ich mit einem *ja, aber* antworten möchte, und schließlich Elemente, denen ich nicht zu folgen vermag.

Ich will versuchen, sie der Reihe nach aufzugreifen.

Ich bin mit Koppe völlig einer Meinung, wenn er der föderalistischen Bewegung zum Vorwurf macht, sich einseitig in Agitation erschöpft und darüber die Theorie vernachlässigt zu haben, ohne die es nach Lenin, der es wissen mußte, *keine revolutionäre Aktion geben kann.* Darüber hinaus hat sich der Föderalismus ebenfalls viel zu einseitig auf die institutionellen Aspekte konzentriert. Schließlich und endlich haben die Föderalisten viel zu wenig dem Eindruck in der Öffentlichkeit entgegengewirkt, das *europäische Problem* sei eine Frage für sich, die nichts mit den unmittelbar brennenden Problemen zu tun hat: mit Arbeitslosigkeit, mit Inflation, mit unserer *Kulturrevolution*, ja nicht einmal etwas mit der internationalen Politik. Diese Isolierung mußte die Europapolitik in ihrem Kern zerstören.

Das ist der Punkt, an dem Koppe ansetzt. Ich möchte deshalb bei dieser Überlegung noch etwas verweilen, einmal weil sie mir für das Verständnis des Gesamtzusammenhangs wichtig erscheint, zum anderen, weil ich mit diesem Teil der Analyse in jeder Hinsicht übereinstimme.

Bei den Pionieren des Föderalismus, in Hertenstein und unmittelbar danach, begegnen wir einer politischen und sozialen Philosophie, die für die damalige

Epoche neu war. Sie wurde freilich nicht weiterentwickelt. Koppe erinnert nachdrücklich daran, daß zur gleichen Zeit, als wir uns am Vierwaldstätter See versammelten, Churchill in Zürich seine Rede hielt. Wir hätten damals sofort Stellung nehmen müssen, handeln müssen, auch wenn unser Handeln mehr taktisch als strategisch bestimmt gewesen wäre. Als dann die Regierungen die Sache des Vereinten Europas sich zu eigen machten oder zumindest so taten, mußten wir den größten Teil unserer Energien auf Offensiven und Gegenoffensiven verwenden, um die offizielle Politik zu einem Maximum an Aktion zu bewegen. Da wir selbst zahlenmäßig zu schwach waren, um direkt die Situation ändern zu können, blieb uns kaum etwas anderes übrig. Die Folge war, daß wir keine Zeit fanden, an unserer Doktrin weiterzuarbeiten, und auch keine Zeit, eine realistische Zukunftsvision zu entwerfen. Das war zwar unvermeidlich, kam uns aber teuer zu stehen. Die föderalistische Bewegung verlor darüber ihren revolutionären Impuls.

Ebenso richtig ist, daß die Öffentlichkeit den Eindruck gewinnen mußte, die Föderalisten seien von einer kleinen Gruppe beherrscht, die engstirnig nur einem einzigen Gedanken nachjagten, dem Gedanken der *Supranationalität.* Gewiß war die Supranationalität untrennbar mit unserer Sicht der Dinge verknüpft. Und ohne jeden Zweifel ist Supranationalität unverzichtbar, denn die Möglichkeiten des Handelns im Rahmen der traditionellen Institutionen des Nationalstaates sind zu begrenzt. Das Prinzip der Supranationalität sieht in der nationalen Souveränität keine heilige Kuh, kein unberührbares metaphysisches Idol. Im Sinne dieses Prinzips ist der Staat nur eine Institution neben anderen. Der supranationale Gedanke, der den bis dahin vorherrschenden *mondialistischen* Vorstellungen fehlte, hatte gerade deshalb in unserer Argumentation einen gewichtigen Platz. Aber er war nicht alles. Die europäische Föderation sollte nicht nur über feste Strukturen verfügen, sie sollte auch eine freiere und gerechtere Gesellschaft begründen. Indem wir uns immer nur mit der äußeren Form befaßten, erweckten wir den Anschein, als hätten wir kein Interesse an den Inhalten.

Genau die Inhalte aber sind es, die zunehmend eine Generation interessieren, die den Krieg und das blutige Chaos nationalistischer Souveränitätsausübung nicht mehr kennengelernt hat. Diese Generation fühlt sich in einer zunehmend blockierten Gesellschaft nicht mehr wohl, sie kann den konkreten Realisierungen der europäischen Idee kaum noch etwas abgewinnen, sie sieht, wie die Debatten über Europa immer technischer werden und wie sich die Europäische Gemeinschaft in ein Forum verwandelt, auf dem nur noch kurzsichtige egoistische Interessen statt zukunftsweisender Visionen verhandelt werden.

War diese Entwicklung unvermeidlich? Wahrscheinlich. Sicher ist jedenfalls, daß sie verheerende Wirkungen zeitigte. Erst heute verspüren wir die Folgen in ihrem ganzen Ausmaß. Darüber zu klagen, hilft wenig, denn wir können das Rad der Geschichte nicht zurückdrehen. Dagegen können wir die Ursache für die wohlmeinende Indifferenz ausmachen, mit der heutzutage die Gemeinschaft bedacht wird („naja, warum eigentlich nicht" anstatt eines vorwärtsweisenden „laßt uns das gemeinsam anpacken!"), nämlich die Austrocknung jeglicher inspirativer Quellen.

Koppe und ich teilen die gleiche Sorge, die gleiche Erkenntnis, daß das Engagement verloren gegangen und irgendwie am Wege versandet ist. Mag sein, daß dies so kommen mußte. Aber wie dem auch sei, wir müssen uns mit den Folgen auseinandersetzen. Wir müssen Europa neu überdenken.

Dabei stehen wir nicht allein. Die politischen Parteien legen letzte Hand an ihre jeweiligen Programme zu den europäischen Wahlen, auf die ich noch zurückkommen werde. Koppe weist darauf hin und begrüßt das ebenso wie ich. Aber ich bin nicht sicher, ob die drei großen Strömungen politischen Denkens in Europa – liberal, sozialistisch und christlich-demokratisch – angesichts der inzwischen eingetretenen Veränderungen genügend Übereinstimmung aufweisen, um im Bereich der Gesellschaftspolitik klare Alternativen präsentieren zu können, ganz abgesehen davon, daß innerhalb jeder dieser Strömungen Unionisten, Föderalisten und Verteidiger des Nationalstaates zu finden sind. Unter solchen Umständen ist nicht einzusehen, warum der Föderalismus nicht eine Katalysatorfunktion haben kann und muß. Auch darin bin ich mit Koppe völlig einig.

III

Dagegen gibt es eine Reihe von Punkten, in denen, wie ich meine, Koppe unrecht hat, weil er seinerseits die Dinge zu einseitig sieht. Es geht dabei nicht um grundlegende Meinungsunterschiede, sondern um Nuancen der Bewertung, freilich gewichtige Nuancen. Hier einige Beispiele, so wie ich bei der Durchsicht des Manuskripts auf sie gestoßen bin.

Als erstes eine Bemerkung zum *Fouchetplan*, mit dem ein permanentes politisches Sekretariat zwischen den Mitgliedern der Gemeinschaft eingerichtet werden sollte. Dieser von *General de Gaulle* eingebrachte Vorschlag wurde von den anderen fünf abgelehnt. Koppe meint, das sei ein schwerer Fehler gewesen. Ich stimme dem zu und war dieserhalb in den Benelux-Staaten, wo *Luns* und *Spaak* sich an die Spitze des Antigaullismus gestellt hatten, äußerst isoliert. Aber trotz alledem darf man nicht vergessen,

- wie der General mit seinen Verhandlungspartnern in beleidigender Weise umsprang, als er *Christian Fouchet* zwang, nach der Weihnachtspause 1962 eine neue Version seines Planes zu präsentieren, von der er wissen mußte, daß sie unannehmbar war – die Verhandlungen vor Weihnachten hatten es zur Genüge gezeigt;
- wie der General darauf beharrte, daß die *Politische Union* auch für wirtschaftliche Probleme zuständig sein müsse, was darauf hinausgelaufen wäre, die Wirtschaftsgemeinschaft und ihre sowieso schon geschwächte Kommission noch stärker an die Kandarre zu nehmen;
- wie der General darauf bestand, das *Europe européenne*, also eine antiamerikanische Tendenz, im geplanten Vertrag festzuschreiben;
- wie er sich weigerte, in den Text den Gedanken des *Kalenders* aufzunehmen, der sich in der Wirtschaftsgemeinschaft ausgezeichnet bewährt hatte, nämlich die Methode, mögliche Etappen weiterer Entwicklungen im voraus festzulegen.

Die Fouchet-Verhandlungen scheiterten. Man mag das bedauern, muß aber zumindest einräumen, daß ihr Abbruch verständlich war. Koppe dagegen schreibt zu Unrecht dieses Scheitern irgendeinem bösen Willen der Partner Frankreichs zu.

Zweitens hebt Koppe hervor, daß es nicht das Ziel des europäischen Föderalismus sei, eine *Supermacht* zu schaffen. Das ist insofern richtig, als der Föderalismus kein Selbstzweck ist. Jede Politik, in der die Macht der letzte Zweck ist, begibt sich auf einen Irrweg. Richtig ist aber auch, daß keine Politik, sei sie auch noch so gut, ohne Macht ihr Ziel erreicht. Macht ist ein Mittel, kein Ziel. Die Schaffung unerläßlicher Mittel wird dadurch zum gerechtfertigten Ziel.

Ein drittes Beispiel: die *Vollblutbürokratie* der Kommission. Koppe denkt sicher mit ihr an die herrlichen Zeiten zurück, als *Jean Monnet* in Luxemburg für seine Kohle- und Stahlgemeinschaft mit einer kleinen, hochqualifizierten und verschworenen Equipe auskam. *Hallstein* änderte den Kurs und entschied sich für die großen Verwaltungsbataillone. Diese sicherlich bedauernswerte Kursänderung war indessen unvermeidlich, denn

- die Mitgliedstaaten hatten inzwischen, *hélas*, ihr Selbstbewußtsein wiedergefunden, waren immer weniger zum Einlenken bereit, ihre Regierungen (die ja schließlich für die Entwicklung in Brüssel verantwortlich waren!) zwangen die darob recht unglückliche Kommission, immer wieder neue Untersuchungen anzustellen, ganz gleich, zum wievielten Male die gleichen Schlußfolgerungen gezogen wurden, und
- die armen *Eurokraten* waren auf diese Weise dazu verurteilt, administrative Tätigkeiten zu verrichten, die in den Nationalstaaten von fünf oder sechs verschiedenen Ministerien geleistet werden, zudem noch in der Gewißheit, daß ihre Arbeit nur geringe Chancen hat, in die Praxis umgesetzt zu werden – hunderte von Gemeinschaftsvorlagen schlummern in den Archiven des Glaskastens am Berlaymont.

In dieser Hinsicht unterstreiche ich erneut mein Einverständnis mit Koppe, wenn er geltend macht, daß die moderne Politik sich mehr und mehr an Rahmengesetzen und nicht an Detailreglementierungen, in denen alles vorgedacht ist, orientieren muß. Diese Umorientierung wird besonders aktuell, wenn das direkt gewählte Europäische Parlament an Eigenständigkeit gewinnt.

Ein vierter Punkt. Die Föderalisten haben von Anfang an die Gefahr erkannt, daß die politische Pyramide, wenn sie nach oben fortgesetzt wird, also *supranationale* Gestalt annimmt, kopflastig werden könnte. Es muß also immer auch für eine *Erweiterung der Basis* gesorgt werden. Daß dies nicht zustande kam, darüber bin ich mir mit Koppe einig. Ich meine aber, daß er wieder Unrecht hat, wenn er dafür die *Eurokraten* verantwortlich macht. In Wirklichkeit sind es doch die zentralistischen Länder, die am wenigsten bereit sind, ihre Souveränität gemeinsam mit anderen Ländern auszuüben. Und das ist kein Zufall. Natürlich hat Koppe recht, wenn er sagt, daß jeder Verlagerung von Problemlösungen auf die europäische Gemeinschaftsebene eine Stärkung der regionalen und kommunalen Autonomie entsprechen muß. Aber wer eigentlich verhindert denn *das eine und das andere*, wobei die Hervorhebung jetzt von mir stammt? Die Kommission? Die schwerfällige Gemeinschaftsbürokratie? Keineswegs! Es sind die zentralistischen Staaten mit ihren Verwaltungen, die um ihre Existenz fürchten. Sie sind die Schuldigen! Koppes Artillerie schießt gut, trifft aber den Verbündeten und nicht den Gegner!

Eine weitere Bemerkung – mein fünfter Punkt – betrifft die *Agrarpolitik*. Wieder hat Koppe völlig recht, wenn er sagt, daß man einen schlechten *status quo* nicht aus dem simplen Grund erhalten darf, weil einem der damit verbundene Rahmen lieb geworden ist. Jede Politik muß sich an ihren Resultaten rechtfertigen. Aber wer hat denn den *Mansholtplan* torpediert? Wer hat denn jene Woge demagogischer Agitation ausgelöst und *Mansholt* beschuldigt, die „unglücklichen" Bauern massenweise *von ihren Höfen zu jagen*? War es die Gemeinschaft? Und wenn die Agrarpolitik in vielen Fällen den sowieso schon reichen Landwirten zu weiterem Einkommen verhilft, kann man wirklich den Gemeinschaftsadministratoren daraus den Vorwurf machen, sie hätten dem Druck der Interessengruppen nicht genügend standgehalten?

Die Agrarpolitik gleicht in der Tat der Quadratur des Kreises: kann man gleichzeitig landwirtschaftliches Einkommen erhöhen und Verbraucherpreise senken? Die Sechs praktizierten das eine, die Briten zunächst das andere. Das Ergebnis war weder hier noch dort zufriedenstellend. Koppe möchte beides erreichen – zu Lasten des Steuerzahlers. Aber ist es realistisch zu erwarten, daß sich die neun Regierungen einmütig für diese Lösung entscheiden?

Sechstens: Koppe kritisiert die *Regionalpolitik* der Gemeinschaft oder – richtiger gesagt – das Nichtvorhandensein einer solchen Politik (trotz der mutigen Ansätze, die das britische Kommissionsmitglied *Thomson* während seiner kurzen Amtszeit in Brüssel in die Wege geleitet hat). Der Abstand zwischen den ärmsten und den reichsten Regionen in der Gemeinschaft hat nicht abgenommen, sondern entgegen allen ausdrücklichen Zielen der Römischen Verträge weiter zugenommen. Zurecht nennt *John Lambert* diese Politik eine *lahme Ente*, die lahmste aller Gemeinschaftsenten. In dieser Hinsicht besteht Übereinstimmung. Aber welche Schlüsse sind daraus zu ziehen?

Tatsache ist, daß der Vertrag in einem liberalen Sinne angewandt wurde, so wie man *liberal* in Europa versteht. Um einer Tendenz, wie der Bereicherung der sowieso schon reichen Regionen entgegensteuern zu können, hätte es systematischer und radikaler *(horresco referens!)* dirigistischer Maßnahmen bedurft. Diese kamen aus zwei Gründen nicht zustande:

- zum einen fehlte es an wissenschaftlich ausgereiften Methoden,
- zum anderen hatten sich die sogenannten *linken* Kräfte in einer Weise *nationalisiert*, daß sie dieses entscheidende Aktionsfeld vernachlässigten.

Gerade auf dem Gebiet, in dem der Römische Vertrag ausdrücklich *dirigistisch* angelegt ist, kam es bisher kaum über ein erstes Tasten hinaus. Völlig einverstanden mit Koppe, hier mit Kritik anzusetzen. Aber wiederum nimmt er die Brüsseler Administration ins Visier, die mit Sicherheit in diesem Zusammenhang keine Schuld trifft.

Mein siebter Punkt betrifft den *Europarat.* Zu Recht spricht Koppe mit Hochachtung von dieser Institution und insbesondere von der Europäischen Menschenrechtskonvention. Doch im Unterschied zu ihm bin ich von den Leistungen des Europarates auf kulturellem und sozialem Gebiet weniger überzeugt. Nehmen wir das Beispiel der Schulbücher für Geschichte und Erdkunde, mit deren Hilfe Kindern nationalistisches Denken eingeimpft wird: Um hier Abhilfe zu schaffen, bedarf es keiner Supranationalität. Dennoch ist das Ergebnis trotz der hervorragenden Arbeit des Georg-Eckert-Instituts in Braunschweig mager. Es ist zwar richtig, daß der Europarat über keine so aufgeblähte Verwaltung wie die Europäische Gemeinschaft verfügt, doch ist das allein noch kein Grund, ihn mit Lob zu bedenken, wo er keines verdient. Auch hier ist übrigens dem Straßburger Sekretariat kein Vorwurf zu machen. Wieder sind es die nationalen Verwaltungen, die jeden Fortschritt blockieren und – glauben Sie mir, lieber Koppe – die sind in Straßburg nicht ein Deut besser als in Brüssel!

Eine letzte Bemerkung zu der Passage, in der Koppe sich abwertend zum *Massentourismus,* zum *Jugendaustausch* und zu *Städtepartnerschaften* äußert. Auch auf diesem Gebiet ist natürlich viel zu wenig geschehen, und es ist richtig, daß so mancher Scheuklappen-Tourist seine chauvenistischen Vorteile bestätigt haben möchte, anstatt sie zu hinterfragen: „Was, die Holländer laufen nicht mehr in Holzschuhen herum! Wo sind denn die Käseverkäufer? Und die Windmühlen werden auch immer weniger!" diese Stereotypen überdauern alles – und etwas Wahres ist auch immer dran. Sie sind auch nicht mit einer einzigen Reise, während eines einzigen Urlaubs auszuräumen. Die Hoffnungslosigkeit, die aus Koppes Überlegungen spricht, läßt wiederum mich verzweifeln. Die *Jeanskultur,* von der er am Schluß spricht, und die er so positiv bewertet, ist schließlich dem Tourismus und dem Austausch und den Partnerschaften zumindest mitzuverdanken!

IV

Damit bin ich bei den eigentlich strittigen Punkten angelangt, bei denen ich meine, daß der Autor nicht nur übertreibt und die Dinge einseitig sieht, sondern in denen er sich schlicht und einfach irrt und *contra-producente* wird, wie die Italiener sagen. Das gilt vor allem für jene Stellen, an denen sich Koppe nicht mit der Vergangenheit und der Gegenwart auseinandersetzt, sondern versucht, künftige Linien und Handlungsmöglichkeiten aufzuzeigen. Ich möchte das an fünf Punkten demonstrieren: am Verteidigungsproblem, am Abkommen von Lomé, am Tindemans-Bericht, am Nationalismus und schließlich an den europäischen Direktwahlen.

Eine allgemeine Bemerkung zum Problem der Alternativen möchte ich vorausschicken. In der Politik (ebenso wie im privaten Leben) stellt sich ja nur selten die Alternative: hier absolutes Optimum, dort größtes Übel. In der Regel hat man zwischen zwei mehr oder weniger befriedigenden Möglichkeiten zu wählen. Wer die eine Möglichkeit verwirft, muß eine andere anbieten. Es handelt sich – wohlgemerkt – um *Möglichkeiten* und nicht um abstrakte Präferenzen. Die folgende Kritik sollte vor dem Hintergrund dieser Vorbemerkung gesehen werden.

Zunächst zum Problem unserer *Verteidigung* oder – richtiger gesagt – unserer *Sicherheit.* Koppe lehnt eine Neuauflage der Verteidigungsgemeinschaft aus dem Jahre 1950 ab. Das dürfte für den Augenblick realistisch sein, und ich gehe mit ihm darin einig. Aber man muß hinzufügen, daß wir uns in dieser Hinsicht in einer erbärmlichen Situation befinden, denn in der Praxis überlassen wir das Schwergewicht unserer militärischen Sicherheit den Vereinigten Staaten. Viele Europäer finden das wunderbar. Sie können die Amerikaner beschimpfen,ihnen übelsten *Militarismus* ankreiden und vieles andere mehr, ohne an der Abhängigkeit vom großen Verbündeten irgendetwas zu ändern. Wahrscheinlich ist an diesem Zustand im Augenblick nichts zu ändern, doch befindet sich Koppe meines Erachtens im Irrtum, wenn er meint, daß dieser Tatbestand politisch und moralisch auf Dauer tragbar sei. Sein Hinweis auf die Westeuropäische Union ist in diesem Zusammenhang ein schlechter Spaß, denn diese Einrichtung, deren Sekretariat in London praktisch auf nichts und niemanden Einfluß hat, war doch nur ein Bonbon, ein Alibi, um das nach wie vor für mich bedauernswerte Scheitern der EVG in einem etwas günstigeren Licht erscheinen zu lassen. Der nonkonformistische und sonst nicht gerade zaghafte Koppe hätte dieses Problem zumindest anpacken müssen. Er ist ihm ausgewichen. Das enttäuscht mich.

Ebenso unbefriedigend finde ich die pauschale Art und Weise, mit der er das *Abkommen von Lomé* zwischen der Gemeinschaft und 52 Ländern der Dritten Welt behandelt, von denen zwei Drittel zu den Ärmsten der Armen gehören. Sicher ist es bedauerlich, daß Lateinamerika und der indische Subkontinent in dieses Abkommen nicht einbezogen sind. Aber konnte die Gemeinschaft der Neun mehr und besseres leisten? *Qui trop embrasse, mal étreint*, sagen die Franzosen: wer alles will, hat zum Schluß gar nichts! Außerdem wird der unstrittige Nachteil des Ausschlusses vom Lomé-Abkommen durch ein ganzes Netz zumeist präferentieller Handelsverträge mit fast allen Ländern der Welt wenigstens zum Teil ausgeglichen. Hinzu kommt, daß die Gemeinschaft bei der Auswahl dieser 52 Länder nicht ganz frei war. Man hat nicht die Länder genommen, die es am meisten nötig hätten, sondern die Staaten, die vor Gründung und Erweiterung der Gemeinschaft zu einigen Mitgliedstaaten besondere Bindungen hatten. Das ist in der Tat ein recht willkürliches Kriterium. Aber man mußte damit beginnen, weil sonst durch den gemeinsamen Außenzolltarif bestimmte traditionelle Wirtschaftsbeziehungen empfindlich gestört worden wären, was keinem der Betroffenen gedient hätte. Unter dem gegebenen Zeitdruck war kaum etwas anders möglich.

Und stimmt es, wie Koppe behauptet, daß dieses System nur einer winzigen Elite in diesen Ländern zugute kommt? Die Zahlen sprechen eine andere Sprache, und ich fürchte, daß Koppe mit seinem Eintreten für mehr Verteilungsgerechtigkeit zwischen den Kontinenten Gefahr läuft, sich dem reaktionären Block jener anzuschließen, die behaupten, daß die Nord-Süd-Kooperation nur dazu diene, „den Armen in den reichen Ländern das Geld aus der Tasche zu ziehen, um es den Reichen in den armen Ländern zu geben.“ Geht man die lange Liste der vom

Europäischen Entwicklungsfonds geförderten Projekte durch und sieht man sich die Resultate des STABEX-Systems an, dann kommt man zu dem Schluß, daß wir zwar noch weit davon entfernt sind, der Gerechtigkeit weltweit zum Durchbruch zu verhelfen, daß wir aber laufend durch Erfahrung lernen, was wir besser machen können. Ich jedenfalls wage die Behauptung, daß das Abkommen von Lomé wahrscheinlich der bislang einzige Versuch internationaler Zusammenarbeit ist, der sich nicht nur durch Originalität, sondern auch durch Erfolg auszeichnet. Ich weiß, daß *Johan Galtung* sich nichts sehnlicher wünscht, als dieses System abzuschaffen. Aber ich vermag nicht zu erkennen, was er an seine Stelle setzen will. Die Vereinten Nationen? Einverstanden, wenn es gelänge, das System von einer weltweiten Instanz übernehmen zu lassen, etwa von der UNCTAD. Das wäre besser. Aber gibt es dafür irgendwelche ermutigende Anzeichen? Koppe selbst verneint das und mit Recht. Was dann also? Er beklagt schließlich, daß die 52 auf diese Weise von den Neun „abhängig" bleiben. Das stimmt, aber umgekehrt ist es genau so – und gegenseitige Abhängigkeit ist das Gesetz des Jahrhunderts!

Ein Wort zum *Tindemans-Bericht*. Diese Episode erhellt blitzartig, wie schlecht es um das sogenannte gemeinschaftliche Europa bestellt ist. Man stelle sich vor: die Regierungschefs sprechen sich für eine Europäische Union aus, gestehen aber zugleich ein, nicht zu wissen, was das ist! Sie beauftragen einen ihrer Kollegen, sie zu erleuchten. Dieser konsultiert hunderte von Personen und vernachlässigt darüber seine nationalen Verpflichtungen. Dann legt er seinen Bericht vor, den zu lesen oder gar zu diskutieren niemand Zeit hat, woraus der französische Regierungsvertreter mit nicht mehr zu überbietender Taktlosigkeit schließt, daß der Tindemans-Bericht zu den Akten zu legen sei.

Wir können nur hoffen, daß die Regierungen künftig nie mehr von irgendjemanden verlangen, seine Zeit mit der Herstellung eines Papiers zu verschwenden. An Papieren mangelt es nicht, sondern am Willen, in der Sache voranzukommen. Und dabei hatte Tindemans ein Dokument verfaßt, das weder Koppe noch mir gefällt. Es enthält absolut nichts Bewegendes, allenfalls ein paar reformerische Ansätze. Aber schon das war den Regierungen zuviel. Ergebnis gleich Null! Abgesehen von dem Vorschlag, den die Regierungen aufgriffen, eine Stiftung in die Welt zu setzen, von der man nicht weiß, was sie neben der bestehenden (privaten) Europäischen Kulturstiftung eigentlich soll. Auch in dieser Situation richtet Koppe seine Geschütze auf den Freund, der sein bestes tut, anstatt den nationalistischen Gegner anzugreifen.

Denn, *when all is said and done*, kommt man immer wieder zum gleichen Schluß: die europäische Integration ist weder an einem Mangel an geistiger Vorbereitung (auch wenn dieser Mangel unübersehbar ist) noch an irgendwelchen Mißverständnissen (relativ) gescheitert. Sie ist einzig und allein und auf allen Ebenen am Mythos der nationalen Souveränität gescheitert, obschon diese längst zur Karikatur geworden ist. Es war der *Nationalismus* unserer Staaten, der uns in den ersten Weltkrieg gestürzt hat und dabei den sozialdemokratischen Internationalismus mit in den Abgrund zog. Im Nationalsozialismus fand er seine schrecklichste Ausformung. Heute ruiniert er die europäische Idee, die einzige konstruktive

Idee, die wir nach 1945 in Europa vorweisen konnten. Er kommt dabei ohne Pfeifen und Trommeln aus und wird auf Schleichwegen tätig, indem er jedes Problem solange dreht und wendet, bis sich niemand mehr auskennt. Auf jede Lösung setzt der Nationalismus ein Problem und verhindert damit die Lösung. Daß die Föderalisten und auch die gemeinschaftlichen Institutionen sich in der Einschätzung der Lage geirrt und schwere Fehler begangen haben, bestreitet niemand. Das muß gesagt werden und es muß auch gesagt werden, was und wie es besser gemacht werden kann. Aber vergessen wir doch um himmelswillen nicht, daß es nicht diese Irrtümer und Fehler sind, denen wir die klägliche Situation in Europa zu verdanken haben! Verwechseln wir doch nicht den Feind mit dem Freund, der sich vielleicht schlecht geschlagen hat! Anders ausgedrückt: wenn wir den Freund auf seine unbestreitbare Verantwortung hinweisen, dürfen wir nicht den Eindruck erwekken, als würden wir den eigentlich Schuldigen exkulpieren.

Mein letzter Punkt: *die europäischen Wahlen.* Innerhalb der föderalistischen Bewegung habe ich mich seinerzeit dagegen ausgesprochen, solchen Wahlen eine Priorität einzuräumen. Was wir zu allererst brauchen, so argumentierte ich, ist eine europäische Regierung, eine supranationale Regierung, die für alle jene Fragen zuständig ist, die der einzelne Staat allein nicht regeln kann. Erst dann brauchen wir ein Parlament, um die Regierung zu kontrollieren. Wir haben in dieser armen modernen Welt schon viel zu viele Regierungen ohne Parlament! Aber was soll ein Parlament ohne Regierung?

Diese Argumentation hat nach meinem Dafürhalten nach wie vor die Logik für sich. Ein gesunder Opportunismus sagt mir indessen, daß wir, wenn wir überhaupt etwas haben können, dann nur die direkten Wahlen. Sie allein bieten – vielleicht – die Chance, die gegnerischen Linien aufzurollen. Die Logik ist mir dann egal! Zwei Resultate können wir jedenfalls schon für uns buchen:

- die breite Öffentlichkeit beginnt, sich für die europäische Sache zu interessieren (ich weiß, wovon ich spreche, denn ich bin selbst in jeder Woche auf mehreren öffentlichen Veranstaltungen: nie zuvor wurde so intensiv diskutiert wie jetzt);
- die politischen Parteien sind wach geworden, sie haben sich in transnationalen Bünden zusammengeschlossen, erarbeiten europäische Programme, beginnen ihre Mitglieder besser und schneller über die europäischen Probleme zu informieren; gewiß, das alles befindet sich noch im Anfangsstadium, aber der Elan ist unverkennbar.

Koppe hat seinerseits recht, wenn er sagt, daß es nicht lohne, für ein Parlament ohne Befugnisse die europäische Wählerschaft zu mobilisieren. Die Logik spricht für ihn. Aber im Grunde schließt er sich ungewollt den Argumenten unserer Gegner an, die sich jahrelang mit der Feststellung im Kreise bewegten: „Keine Wahlen ohne Befugnisse, keine Befugnisse ohne Wahlen.“

Denkbar wäre eine neue Aufgabe der Föderalisten, nämlich innerhalb der gewählten Versammlung einen harten, interfraktionellen föderalistischen Kern von Abgeordneten zu bilden, die sich für eine Stärkung der Gemeinschaft und für mehr föderalistische Lösungen einsetzen. Eine solche interfraktionelle Gruppe könnte der Motor des Parlaments sein, das anderenfalls Gefahr läuft, zu einem akademischen Forum zu werden.

Ich schließe mich der Meinung von *Willy Brandt* an, der im gewählten Europäischen Parlament den Kern einer Verfassungsgebenden Versammlung sieht. Das darf nicht mißverstanden werden: es geht in dieser Phase nicht um einen allumfassenden juristischen Text. Eine endgültige und umfassende europäische Verfassung steht am Ende der Integration, nicht am Beginn. Das hindert die Versammlung nicht daran, wachsam zu bleiben und genau aufzupassen, welche öffentlichen Funktionen zu welchem Zeitpunkt von der nationalen Ebene auf die europäische Ebene gehoben werden können. Sobald die Zeit reif ist, wird es Aufgabe der Abgeordneten sein, für solche Funktionen Bundespakte zu entwerfen, vergleichbar der Montanunion. Als erstes scheint mir dieses Vorgehen mit Blick auf eine Währungsunion dringend geboten. Das gewählte Europäische Parlament sollte sich damit vorrangig befassen. So kann Element an Element gefügt werden.

Das Europäische Parlament muß sich auch der Frage stellen, welches die Ursachen der Krise des Parlamentarismus sind, die wir in mehreren Ländern beobachten. Positiv ausgedrückt: wie kann in Straßburg ein modernes Parlament geschaffen werden, gewissermaßen ein parlamentarisches Modell! Meiner Ansicht nach sollte das Parlament gleich bei seiner ersten Sitzung einen Ausschuß einsetzen, der dieser Frage nachgeht und sich dabei die föderalistischen Erfahrungen der Amerikaner und Schweizer, aber auch die Erfahrungen mit anderen parlamentarischen Neuerungen zu Nutze macht.

Natürlich müssen wir auch damit rechnen, daß das alles wieder zu nichts führt. Angesichts des Verfalls der europäischen Idee kann es durchaus sein, daß die direkten Wahlen ein Schlag ins Wasser werden. Aber es ist auch denkbar, daß sich dank dieser Wahlen ein neuer politischer Stil entwickelt, daß sich die Abgeordneten des Volkes auf die großen politischen Optionen konzentrieren und die technischen Details den Fachorganen überlassen.

Ich jedenfalls setze meine Hoffnung auf diese zweite Möglichkeit. Oder weiß jemand etwas Besseres?

Zehn Thesen zum Zustand der europäischen Einigung

(I) Die meisten der vorhandenen Untersuchungen zum Stand der europäischen Einigung, auch der im Auftrag der Staats- und Regierungschefs der Europäischen Gemeinschaft vom belgischen Ministerpräsidenten Leo Tindemans Ende 1975 vorgelegte *Bericht über die Europäische Union*, erkennen und beschreiben Symptome des Gemeinschaftsverfalls, stoßen aber nicht zu den entscheidenden gesellschaftlichen Ursachen der europäischen Einigungskrise vor.

(II) Die Bemühungen der europäischen Regierungen verrennen sich in institutionelle Fragen (sofern nicht dringende Probleme ad hoc und ohne Dauer geregelt werden, wie beispielsweise die europäischen Währungsprobleme) und setzen auch im Jahre 1978 bei den Prämissen an, die etwa 1950 – zu Recht oder zu Unrecht – der europäischen Integration zugrunde gelegt wurden. Sie stellen nicht oder ungenügend in Rechnung, daß die damals bestimmenden Motive (Wiederaufbau nach dem Kriege, Kalter Krieg u. a.) nicht mehr wirken, während die heute bestimmenden Motive (Aufbruch der Dritten Welt, technologische Revolution, Grenzen des Wachstums u. a.) damals in ihrem vollen Ausmaß nicht erkennbar waren.

(III) Die Gemeinschaft ist eine rein zweckgerichtete ökonomische Zugewinngemeinschaft, die hemmungslos wirtschaftliches Wachstum gefördert hat ohne Rücksicht auf gigantische Strukturverzerrungen innerhalb der Gemeinschaft selbst (industrielle Konzentration in wenigen bevorzugten Gebieten, Verelendung anderer Regionen, Entwurzelung von Millionen Gastarbeitern) und ohne jede Rücksicht auf eine gedeihliche weltwirtschaftliche Entwicklung.

(IV) Nicht mehr die Wirtschafts- und Handelspolitik im klassischen Sinne darf im Zentrum der Gemeinschaft stehen, vielmehr muß die Priorität der Gesellschaftspolitik eingeräumt werden. Gesellschaftspolitik nach innen und außen ist nur noch über Entwicklungspolitik und Regionalpolitik zu leisten mit dem alles überragenden Ziel, mehr Verteilungsgerechtigkeit innerhalb der Staaten, innerhalb der Gemeinschaft und innerhalb der Weltgesellschaft herbeizuführen. Die entscheidende Frage wird dabei sein, wie die Sicherung unserer Zukunft in Zusammenhang mit der Notwendigkeit weltweiter Verteilungsgerechtigkeit bei wesentlich geringeren Wachstumsraten als in der Vergangenheit erreicht werden kann.

(V) Die Gemeinschaft hat einen bürokratischen Apparat entwickelt, der nur noch vom Sowjetbürokratismus übertroffen wird und sich heute als Hemmschuh für längst überfällige Reformen erweist. Sie darf nicht länger als *Supermacht* versuchen, ihre Zuständigkeiten zu Lasten der Autonomie nachgeordneter Gemeinwesen oder dritter Staaten zu erweitern. Ihre Tätigkeit sollte vielmehr so angelegt sein, daß sie den Mitgliedstaaten hilft, die wenigen in der Gesellschaft noch vorhandenen Freiräume zu erhalten und zu erweitern.

(VI) Um das leisten zu können, muß die Gemeinschaft Ballast abwerfen, der ihre Anerkennung nach innen erschwert und ihre Außenbeziehungen empfindlich stört. Dazu gehört eine Reduzierung der Brüsseler Bürokratie durch Beschränkung auf Rahmenverordnungen anstelle minutiöser Detailreglementierungen und ein radikales Umdenken auf dem Gebiet der Agrarpolitik als dem wesentlichsten Störfaktor in den Außenbeziehungen.
(VII) Ein solcher Ballastabwurf ist durch effizientere parlamentarische Kontrolle glaubwürdig zu machen. Der Erweiterung von Kontrollbefugnissen des Europäischen Parlaments ist deshalb eindeutig eine Priorität einzuräumen. Die Einräumung von Gesetzgebungsbefugnissen ist demgegenüber zweitrangig. *Effizienz durch Kontrolle* wäre eine Leitlinie, die gerade in Frankreich und Großbritannien auf größere Zustimmung als jede andere institutionelle Maßnahme stoßen würde.
(VIII) Eine solche Flurbereinigung könnte es erleichtern, die Zusammenarbeit in anderen Bereichen (Außenpolitik, Entwicklung, Umweltschutz, Gesellschaftspolitik u. a.) durch Entwicklung *paralleler* Instrumente zu realisieren, weil dann nicht mehr Verdacht und Gefahr bestehen, die Gemeinschaft könnte über eine allmächtige Bürokratie gesellschaftliche Strukturen und individuelle Existenz bis ins letzte Detail regulieren. Ergänzend ist zu empfehlen, daß sich die Gemeinschaft für diese Zusammenarbeit – wenigstens zu Beginn – der Konventionsmethode bedient, wie sie der Europarat praktiziert.
(IX) Gleichzeitig ist bei jeder weiteren Integration und/oder Kooperation auf Gemeinschaftsebene dafür zu sorgen, daß unterhalb der staatlichen Ebene – vor allem in zentralistisch strukturierten Migliedsländern – die Autonomie der Regionen und Gemeinden verstärkt wird. Europäische Integration und europäische Wahlen sind nur dann für den Menschen akzeptabel, wenn der zunehmenden Entfernung (Entfremdung) zwischen Mensch und Verwaltung schon an der Basis Einhalt geboten wird. Das heißt Stärkung und Erneuerung der Demokratie auf allen Ebenen und in allen Bereichen.
(X) Die europäische Bewußtseinsbildung ist daran gescheitert, daß im Bildungs-, Erziehungs- und Informationswesen (weitgehend unter Einfluß der europäischen Verbände) zwar die europäische Idee als Zielvorstellung dargestellt wurde, aber keine Aufarbeitung der europäischen Realität mit ihren Problemen und Schwierigkeiten erfolgte, so daß ein zunehmender Widerspruch zwischen Wunschvorstellung und Wirklichkeit entstand, der gerade bei einer kritischen Jugend die europäische Idee in den Geruch der Schwärmerei brachte und sie im Endeffekt diskreditierte.

1. Kapitel

Europäische Einigung: Säule ohne Fundament

Im Vorfeld der europäischen Wahlen

1. Die europäische Einigungspolitik ist seit dreißig Jahren eine Säule westlicher Politik, zumindest in den öffentlichen Erklärungen der meisten westeuropäischen Politiker. Wer allzu kritisch diese Säule auf ihre Tragfähigkeit hin abklopft, die behaupteten Erfolge auf ihre Stichhaltigkeit hin überprüft, von Mißerfolgen (statt von *Schwierigkeiten* oder *unvermeidlichen, aber überwindbaren Rückschlägen*) spricht oder gar das Einigungskonzept als solches in Frage stellt, versündigt sich in den Augen der meisten führenden Repräsentanten unserer demokratischen Parteien an Staat und Gesellschaft. Europa ist schon fast ein Grundwert, und wie mancher Grundwert zeichnet auch dieser sich durch das Auseinanderklaffen von Wunsch und Wirklichkeit aus.

2. Man wird um so hellhöriger, je gereizter gerade jene Kreise auf Kritik an Konzept und Praxis der Einigungspolitik reagieren, die sich dieser Politik in besonderer Weise verschrieben haben: Europasprecher der Parteien, Mitglieder europäischer Gremien (Europäisches Parlament, Beratende Versammlung des Europarates u. a.), europäische Beamte und vor allem Funktionäre europäischer Verbände. Eigentlich sollten sie dieses Auseinanderklaffen von Wunsch und Wirklichkeit aufgrund ihrer Tätigkeit besser als andere erkannt haben, aber offensichtlich ist ihnen diese Erkenntnisfähigkeit in den Etagen der Brüsseler Bürohochhäuser und in den Straßburger oder Luxemburger Tagungsräumen abhanden gekommen. Das Phänomen der Betriebsblindheit macht offenkundig auch vor Europas Funktionären nicht halt.

3. Das Auseinanderklaffen von Wunsch und Wirklichkeit ist keineswegs nur eine Mißgunst des Schicksals, etwa in dem Sinne, daß immer wieder alle Anstrengungen zur Schaffung eines Vereinigten Europas – ob zu sechst, zu neunt oder zu zwölft ist in diesem Zusammenhang unerheblich – unternommen worden wären, aber eben dann an unüberwindlichen Hindernissen, den sogenannten Realitäten gescheitert seien, denn weder wurden alle Anstrengungen unternommen, noch waren alle Hindernisse unüberwindlich. Zum Teil wurden die falschen Anstrengungen unternommen, zum Teil die falschen Hindernisse angegangen. Vor allem aber ist das Auseinanderklaffen von Wunsch und Wirklichkeit die Folge immer wieder geweckter Erwartungen, zu denen die praktizierte Politik der beteiligten Regierungen fundamental in Widerspruch steht.

4. Dies mußte verheerende Auswirkungen auf die öffentliche Meinung haben, besonders verheerend in Ländern wie der Bundesrepublik Deutschland, in denen die europäischen Erwartungen bis hin zur Euphorie gesteigert und über Jahre hinweg gehegt und gepflegt worden waren. Man verzeichnet zwar noch immer eine

Grundstimmung zugunsten Europas, aber die europäischen Institutionen – vor allem die Europäische Gemeinschaft – sind inzwischen zum Inbegriff technokratischer und bürgerferner Bürokratie geworden, die sich zunehmend als eine Belastung des politischen Alltags erweisen, soweit sie in der breiten Öffentlichkeit überhaupt noch zur Kenntnis genommen werden. Europa ist auf den ersten Seiten unserer Zeitungen kaum mehr zu finden, allenfalls unter negativem Vorzeichen. In der Regel findet Europa im Wirtschaftsteil statt.

5. Für die geplanten europäischen Direktwahlen ist das die denkbar ungünstigste Ausgangslage. Wenn die Parteien im europäischen Wahlkampf die Erwartungen, die der Bürger mit diesem Ereignis verknüpfen soll, nämlich Fortschritt in Richtung europäische Einigung, noch höher schrauben, laufen sie Gefahr, daß sie – auch national – noch unglaubwürdiger werden, wenn diese Erwartungen nicht erfüllt werden. Gerade das steht zu erwarten, weil die Tatsache der Wahlen selbst auf den Gang der europäischen Politik kaum einen Einfluß nehmen wird. Das Europäische Parlament hat keine nennenswerten politischen Befugnisse und wird solche bis auf weiteres nicht erhalten. Die Hoffnung, direkt gewählte europäische Abgeordnete könnten die Brüsseler Bürokratie besser unter Kontrolle halten und das europäische Geschehen für die Bürger unserer Staaten durchsichtiger und verständlicher werden lassen, ist eine Illusion, die sich auf nichts gründet. Ebenso illusionär dürfte die umgekehrte Hoffnung sein, daß nämlich die Bürger durch diese Wahlen *europabewußter* werden und auf diesem Umweg ihre Regierungen zu verstärktem europäischen Handeln zwingen könnten. Würden Regierungen und Parteien freilich ohne Erwartungen in den Wahlkampf ziehen, dann wiederum müßte man sich fragen, wozu überhaupt dieser Aufwand notwendig wird!

Der Tindemans-Bericht zur Europäischen Union

6. Die allgemeine Skepsis, die diesen Überlegungen zugrunde liegt, wird von keinem geringeren geteilt als dem belgischen Ministerpräsidenten *Leo Tindemans*, der im Dezember 1974 von der Konferenz der Staats- und Regierungschefs der Mitgliedstaaten der Europäischen Gemeinschaft, dem sogenannten *Europäischen Gipfel* – der seit 1975 regelmäßig ein- oder zweimal jährlich unter der Bezeichnung *Europäischer Rat* zusammentritt – beauftragt wurde, sich Gedanken über die Entwicklung einer *Europäischen Union* zu machen. Den Beschluß, eine solche Union – und zwar bis 1980! – stufenweise zu verwirklichen, hatten die Staats- und Regierungschefs schon im Oktober 1972 gefaßt: „Die Mitgliedstaaten der Gemeinschaft, der Triebkraft beim Aufbau Europas, bekunden ihre Absicht, vor Ablauf dieses Jahrzehnts die Gesamtheit ihrer Beziehungen in eine Europäische Union umzuwandeln.“[1] Dieser Beschluß stand damals noch in engem Zusammenhang mit der nicht minder anspruchsvollen Absicht, „den Übergang zur zweiten Stufe der Wirtschafts- und Währungsunion am 1. Januar 1974 zu verwirklichen, damit die Union spätestens am 31. Dezember 1980 vollendet ist“.

7. Man kann den europäischen Staats- und Regierungschefs zugute halten, daß sie

im Oktober 1972 Ölkrise und Zusammenbruch des bis dahin noch einigermaßen funktionierenden Weltwährungssystems und die damit verbundene Auflösung der herrschenden Weltwirtschaftsordnung nicht vorhersehen konnten. Im Dezember 1974, als sie ihren Kollegen Tindemans beauftragten, sich über die angekündigte Union nähere Gedanken zu machen, dürften sie wohl kaum noch angenommen haben, ihre Absichten „vor Ablauf dieses Jahrzehnts" in die Tat umsetzen zu können. Zu recht stellte deshalb Tindemans in seinem Begleitschreiben zum Bericht, den er ein Jahr später am 29. Dezember 1975 dem Europäischen Rat zuleitete, einen fundamentalen Widerspruch fest, indem er einerseits ausführt, „daß der Zeitpunkt für einen Bericht über die Europäische Union schlecht gewählt sei, weil die europäische Idee eine Krise durchmacht und das halb fertiggestellte Bauwerk ins Wanken geraten ist", andererseits aber auch berichtet, fast alle Gesprächspartner hätten ihm versichert, „daß sie sich für ihre Länder eine bessere Zukunft nur durch den Aufbau Europas vorstellen könnten; die Erreichung dieses Ziels ist für sie nur auf dem Wege einer Stärkung der Gemeinschaft denkbar".[2] „In diesem Punkte", so fährt Tindemans in seinem Brief fort, „sind die Ansichten der Öffentlichkeit und derjenigen, die in unseren Ländern politische Verantwortung tragen, fast diametral entgegengesetzt. Die Öffentlichkeit beurteilt die Bereitschaft zur Schaffung einer wirklichen Europäischen Union sowie zur Lösung der brennenden aktuellen Probleme auf europäischer Ebene äußerst skeptisch. Sie möchte konkrete Ergebnisse und kritisiert den mangelnden politischen Willen ihrer Regierungen."

8. Ohne jeden Zweifel hat Tindemans mit dieser Formulierung in diplomatischer Weise seine eigene Skepsis umschrieben. Der Beratungsausschuß der niederländischen Regierung, die als einzige Regierung eines Mitgliedstaates eine eigene Einschätzung der Beschlüsse der Gipfelkonferenzen 1972 und 1974 in Auftrag gab und veröffentlichte, wurde in dieser Hinsicht sehr viel deutlicher. In dem Bericht dieses Ausschusses (nach seinem Vorsitzenden *Spierenburg-Bericht* genannt; vgl. Schlußkapitel des Spierenburg-Berichts – *Zusammenfassung und Schlußfolgerungen* – im Anhang), der am 1. Mai 1975 dem niederländischen Außenminister übergeben wurde und in der Öffentlichkeit weitgehend unbeachtet geblieben ist, heißt es in Ansehung der bisherigen Integrationserfahrungen und des noch verbleibenden Zeitraums schlicht und einfach: „Die Auffassung, daß man dasjenige, was 1980 bestehen wird, einfach *Union* nennen sollte, zeugt von einem Zynismus, den der Ausschuß nicht gutheißt."[3]

9. Die Niederländer, die zu den konsequentesten Befürwortern der europäischen Integration gehören, dabei aber immer realistisch geblieben sind und die Europa-Euphorie der Deutschen mit gesundem Mißtrauen betrachten, begründen ihre harte Schelte nicht mit dem billigen Hinweis auf „mangelnden politischen Willen der Regierungen", sondern versuchen, die Schwierigkeiten der europäischen Integration tiefer zu erfassen: „Je größer der Einfluß des Staates auf das sozialökonomische Geschehen wurde, um so höher wurden die Anforderungen an den Staat und die Erwartungen gegenüber staatlichen Maßnahmen; die Probleme, vor die sich die Regierungen gestellt sehen, werden stets komplexer und schwieriger . . .

Die europäische Integration spielt sich daher gegenüber den Nationalstaaten ab, die als Zentren der Beschlußfassung nicht weniger wichtig, sondern infolge der zunehmenden staatlichen Tätigkeit wichtiger zu werden scheinen. Die Zähigkeit des Nationalstaates ist in dieser Hinsicht in den letzten Jahren erheblich unterschätzt worden. An sich wäre das kein Grund zur Beunruhigung, wenn die nationalen Regierungen auch tatsächlich in der Lage wären, die großen gesellschaftlichen und sozialökonomischen Probleme dieser Zeit wirksam zu lösen. Das Gegenteil ist jedoch der Fall. Es drängt sich das Bild nationaler Regierungen auf, die unter der Last hoher Erwartungen, denen sie in den westlichen Demokratien gegenübergestellt sind, beinahe zusammenbrechen, und die nach sorgfältiger Interessenabwägung im nationalen Rahmen keinen Raum mehr zum Geben oder Nehmen finden, einen Raum, der erforderlich ist, um Entscheidungen auf Gemeinschaftsebene treffen zu können. Dieses Bild mag etwas überspitzt sein, aber es ist hinreichend wahrheitsgetreu, um die Behauptung stützen zu können, daß es nicht die Kraft, sondern gerade die Schwäche der nationalen Regierungen ist, die dem Prozeß der europäischen Integration im Wege steht. Stärkere Regierungen würden jedenfalls über mehr Verhandlungsmöglichkeiten verfügen können und daher besser in der Lage sein, durch die gemeinsame Ausübung ihrer Befugnisse die Wirksamkeit ihrer Beschlußfassung zu erhöhen."[4]

Die Briten in der Gemeinschaft

10. Bei soviel Skepsis möchte man es fast einen Trost nennen, daß bislang keine der neun Regierungen der Gemeinschaftsstaaten den bisher erreichten Stand der Integration und Kooperation infrage gestellt hat. Im Gegenteil: die wiederholten Behauptungen, das Erreichte erhalten und – wenn möglich – konsolidieren und ausbauen zu wollen, sind ohne jeden Zweifel ernst gemeint. Bundeskanzler *Helmut Schmidt* versicherte in seiner Regierungserklärung vom 19. Januar 1978, daß „die Europäische Gemeinschaft trotz der nunmehr vier Jahre andauernden Weltwirtschaftskrise ihre Prüfung besser bestanden (habe), als angesichts der nach wie vor gravierenden Unterschiede in den nationalen Interessen und der gravierenden Auswirkungen der ökonomischen Krise auf die einzelnen Mitgliedsländer viele befürchten mußten. Die Gemeinschaft hat bisher die Staaten vor dem Rückfall in Handelsprotektionismus, vor dem Rückfall in Autarkiestreben und Eigensüchtelei bewahren können. Für uns ist sie und bleibt sie unverzichtbare Solidargemeinschaft."[5] Der Kanzler kritisiert zwar hart das britische Verhalten in der Frage der Fischereipolitik der Gemeinschaft, die dadurch „als Verhandlungspartner gegenüber Dritten wertvolles Terrain" verloren habe, sieht aber in der Einigung über den europäischen Regionalfonds und in der Einführung einer Europäischen Rechnungseinheit Entscheidungen, die den weiteren Ausbau der Gemeinschaft ermöglichen.

11. Für die Engländer, die gewissermaßen aus Tradition das gespannteste Verhältnis zur Gemeinschaft haben, gilt zumindest, daß sie aus der Gemeinschaft nicht wieder austreten wollen. Premierminister *James Callaghan* unterstrich in einem Schreiben an den Kongreß der *Labour Party* vom 30. September 1977, daß die Lösung der inneren Probleme seines Landes „nicht durch einen Austritt Großbritanniens aus der Europäischen Gemeinschaft erreicht werden kann".[6] Weiter heißt es in seinem Brief: „eine derartige Politik wäre allzu leicht, denn sie würde den Beitrag der Gemeinschaft zur Überbrückung alter Spannungen als auch die gewaltigen politischen und wirtschaftlichen Auswirkungen eines so drastischen Schrittes auf die Zukunft Großbritanniens außer acht lassen. Ein Austritt würde zu einem tiefgreifenden Umbruch unserer Beziehungen zu Europa, aber auch darüber hinaus und ganz speziell in unseren Beziehungen zu den Vereinigten Staaten führen." Andererseits läßt Callaghan keinen Zweifel daran, daß es ihm darum geht, „bei Bedarf auf eine Reform der Politik der Gemeinschaft und der Arbeitsweise ihrer Institutionen hinzuwirken".

12. Solch gedämpfter Optimismus wird freilich von den Niederländern nicht geteilt. In dem bereits zitierten Spierenburg-Bericht, der allerdings nur den Stand bis Frühjahr 1975 berücksichtigt, heißt es: „Gerade die jüngsten Entwicklungen – das völlige Versagen der EG während der Ölkrise Ende 1973, die Machtlosigkeit bei der Bekämpfung von Inflation und Arbeitslosigkeit und das drohende Auseinanderfallen des Gemeinsamen Marktes als direkte Folge der divergierenden Wirtschaftspolitiken der Mitgliedstaaten – haben den Eindruck erweckt, daß der Integrationsprozeß eher rückläufig ist, als daß er, wenn auch mühsam, neue Fortschritte bucht. Es ist festzustellen, daß das Erreichte zumindest noch nicht als hinreichend konsolidiert gelten kann. Die wiederholte Behauptung, daß der *point of no return* erreicht sei, scheint nicht auf Tatsachen zu beruhen."[7]

13. Tindemans tendiert in seiner Beurteilung dieser niederländischen Einschätzung zu. Für ihn ist es „nicht verwunderlich, daß die Gemeinschaft unter dem Druck des überall spürbar werdenden Wiedererstarkens streng nationaler Belange zerbröckelt, dies um so mehr, als diese Gemeinschaft in ihrer heutigen Form unausgewogen ist . . . Ein unvollendetes Bauwerk kann dem Zahn der Zeit nicht standhalten; es muß fertiggestellt werden, sonst zerfällt es. Alles in der Gemeinschaft bisher Erreichte steht daher heute auf dem Spiel."[8]

14. Im normalen demokratischen Staat wäre es bei vergleichbarer Situation in der Tat entscheidend und unabdingbar, dem Bürger durch das Instrument direkter Wahlen die Möglichkeit zu geben, den Gang der Ereignisse gegebenenfalls durch Auswechslung der regierenden Partei zu ändern oder zumindest zu beeinflussen. Diese Möglichkeit bietet die angekündigte Direktwahl des Europäischen Parlaments bis auf weiteres sicher nicht. Der Bürger entscheidet zwar über die Zusammensetzung des Parlaments, dieses aber entscheidet nicht über die Zusammensetzung der beiden Organe, die die Politik der Gemeinschaft zu verantworten haben, geschweige denn über die Grundlinien dieser Politik selbst: den *Rat der Gemeinschaft*, der sich aus den nationalen Regierungen zusammensetzt und gelegentlich als *Europäischer Rat* der Staats- und Regierungschefs konstituiert, die Gemeinschaftspolitik im Rahmen der bestehenden Verträge durch Direktiven bestimmt und somit über Stagnation oder Fortschritt der Integration befindet, und die *Eu-*

ropäische Kommission, die ebenfalls im Rahmen der Verträge, aber auch der vom Rat erlassenen Direktiven durch Verordnungen die Politik der Gemeinschaft in Praxis ummünzt. Sie hat allerdings das Recht zu versuchen, durch eigene Initiativen dem Rat neue Direktiven zu entlocken.

15. Es bleibt also nur die Hoffnung, daß sich das direkt gewählte Parlament kraft eigenen demokratischen Eigengewichts zunehmend selbst den Einfluß verschafft, den ihm die Regierungen verweigern. Die Chancen dafür sind sehr gering. Man braucht dazu nur einen anderen Satz aus dem bereits erwähnten Brief des britischen Premierministers an seine Partei zu zitieren: „Die (Labour)Regierung hat niemals akzeptiert, daß sich die Gemeinschaft zu einer Föderation entwickeln solle. Unsere Politik ist es, auch künftig die Rechte nationaler Regierungen und Parlamente aufrechtzuerhalten. Wir beabsichtigen keine wesentliche Erweiterung der Vollmachten des Europäischen Parlaments.“[9] Das ist deutlich genug. Die Tatsache, daß das Europäische Parlament in wichtigen Fragen konsultiert werden muß, daß es gegebenenfalls der Kommission das Mißtrauen aussprechen kann (wodurch es sich aber unter Umständen eine noch schlechtere Kommission einhandelt, weil es ja keinen Einfluß auf die Berufung der neuen Kommmisssion durch den Rat hat!), ja daß es bei der Aufstellung des Gemeinschaftsbudgets für 1978 erstmals substantielle, wenn auch geringfügige Änderungen erwirken konnte,[10] mag manchem als ein Silberstreif am Horizont erscheinen, rechtfertigt aber für sich allein den Gang zur Urne nicht. Nach wie vor ist die Annahme gerechtfertigt, daß sich die neun Regierungen den Beschluß, das Europäische Parlament direkt wählen zu lassen, als eine Ersatzhandlung – und auch das unter Schmerzen – abgerungen haben, für die das gleiche gilt, was im Spierenburg-Bericht generell zur Formulierung europäischer Zielsetzungen der letzten Jahre gesagt ist: „nichts anderes . . . als wohlklingende, aber unzweckmäßige Absichtserklärungen.“

Innenpolitische Sorgen verhindern europäische Entscheidungen

16. Eine andere Vermutung drängt sich in diesem Zusammenhang auf, daß nämlich der Konsens über das, was europapolitisch notwendig ist, unter den neun Regierungen viel größer ist als nach außen in Erscheinung tritt. Mit hoher Wahrscheinlichkeit ist anzunehmen, daß während des letzten Europäischen Rates James Callaghan zu Helmut Schmidt und seinen anderen Kollegen sinngemäß gesagt hat: „Die Sache mit der Fischereipolitik ist ja ganz in Ordnung und Ihr seid uns ja schon weit entgegengekommen, aber dennoch kann ich das meiner Öffentlichkeit und meinen Wählern so nicht verkaufen!“ Einer, der es wissen muß, *Günter van Well*, Staatssekretär im Auswärtigen Amt, bestätigte das kürzlich so: „Das heißt im Klartext: die eigentliche Grenze gemeinsamer Außenpolitik liegt nicht bei irgendwelchen vorgegebenen nationalen Interessen, sondern bei den außenpolitischen Vorstellungen der innenpolitischen Kräfte . . . Der Konsens war oft größer als das, was die Regierungen mit Rücksicht auf ihre eigene Innenpolitik zu sagen bereit sind."[11] Nicht das nationale Interesse als solches verhindert also die Annahme notwendiger europapolitischer Entscheidungen, vielmehr ist es die innenpolitische Durchsetzbarkeit solcher Entscheidungen, an der es mangelt.

17. Die Briten spielen in dieser Beziehung mit ganz offenen Karten. So lehnt Callaghan ausdrücklich jeden Versuch ab, „die EG als Sündenbock für all unsere nationalen Schwierigkeiten hinzustellen." Daß die Gemeinschaft nicht für die inflationären Tendenzen in den meisten Mitgliedstaaten, insbesondere auch nicht für die zunehmende Arbeitslosigkeit verantwortlich gemacht werden kann, hat sich inzwischen herumgesprochen. Die Diskussion über die Gemeinschaftspolitik sollte nicht länger mit diesem Argument verfälscht werden.* Diese Erfahrung bedeutet aber zum einen noch lange nicht, daß nunmehr auf einen Schlag andere, neue Gemeinschaftsbeschlüsse durchsetzbar geworden seien, denn die Feststellung eines solchen Tatbestandes ist eine Sache, seine Akzeptierung in der breiten Öffentlichkeit eine ganz andere. Zum anderen wird die innenpolitische Durchsetzbarkeit politischer Entscheidungen keineswegs nur von Sachnotwendigkeiten, sondern von ganz anderen Faktoren bestimmt, unter denen in der heutigen Situation vor allem die prekären Mehrheitsverhältnisse in den meisten europäischen Parlamenten zu nennen sind.

18. Nicht überall herschen so ideale Zustände wie im niederländischen Parlament, wo die europapolitischen Zielsetzungen bei den beiden wichtigsten Parteien – Arbeiterpartei und Christliche Demokraten – so unumstritten sind, daß sie bei der wochenlangen Regierungskrise in Den Haag praktisch keine Rolle spielten. In der Bundesrepublik dagegen neigen Regierungskoalition und Opposition schon eher dazu, sich in Sachen Europapolitik gegenseitig den Rang abzulaufen und europapolitische Entscheidungen wahltaktisch auszunutzen. Die Vorstellung einer überwiegend sozialistisch beeinflußten Gemeinschaft, auch schon die Vorstellung eines mehrheitlich links zusammengesetzten Europäischen Parlaments ist für Christliche Demokraten, vor allem für die Christlich-Soziale Union, ein Schreckbild. Umgekehrt fürchten manche Sozialdemokraten eine Verkrustung der Wirtschafts- und Sozialpolitik der Gemeinschaft unter konservativem Vorzeichen. In

* Der (britische) Präsident der Europäischen Kommission, *Roy Jenkins,* gehört zu denen, die immer wieder vor diesem Mißverständnis warnen. So führte Jenkins am 8. Dezember 1977 vor der Deutschen Gesellschaft für Auswärtige Politik in Bonn aus: „Inflationsanfällige Länder haben die Erfahrung gemacht, daß sich ein höherer Beschäftigungsgrad nicht mit höherer Inflation erkaufen läßt." (Europa-Archiv 1/1978 Seite 6.) Damit ist zwar die Chance einer gemeinsamen Bekämpfung der Inflation innerhalb der Gemeinschaft gestiegen, aber die Frage, die die britische Öffentlichkeit nach wie vor beherrscht, noch nicht beantwortet, ob der Beitritt Großbritanniens zur Gemeinschaft von Vorteil oder von Nachteil war. Auch eine andere Frage, die auf dem Finanzgipfel am 12. Februar 1978 und während des Besuchs des amerikanischen Finanzministers am Tage danach in Bonn eine entscheidende Rolle spielte, ist damit nicht ausgeräumt, nämlich die Frage, ob die Regierungen – allen voran die Bundesregierung – durch kräftige Investitionsstöße die Weltkonjunktur wiederbeleben können (sogenannter Lokomotiveneffekt, der von der Bundesregierung verneint wird).

Frankreich, Italien, vor allem aber in Großbritannien könnte ein falsches Taktieren in der Europafrage zum Zündfunken werden, der den Sturz der bestehenden Regierungen beziehungsweise Koalitionen auslöst. Vor allem im Unterhaus zeichnet sich ein europapolitisches Chaos ab. Während Callaghan mühsam die *Labour Party* auf einem, wenn auch sehr bescheidenen Europakurs zu halten versucht, damit ihm die konservative Oppositionsführerin *Margaret Thatcher* nicht das Wasser abgräbt, stellt sich auch diese streitbare konservative Dame allmählich wieder auf antieuropäischen Kurs ein, um mit Blick auf die nächsten Unterhauswahlen auf der Woge antieuropäischer Stimmung in der Bevölkerung mitzuschwimmen. Auch das monatelange Tauziehen mit der britischen Regierung um den Termin der europäischen Direktwahl findet in diesem innen- und parteipolitischen Wirrwarr seine Erklärung.

19. Allein schon die Konstruktion eines Zusammenhangs zwischen der Europäischen Gemeinschaft und brisanten innenpolitischen Krisen, die in Italien zum *historischen Kompromiß*, zum Eintritt der Kommunisten in die Regierung, in Frankreich zur Volksfrontregierung oder in Großbritannien zur vorzeitigen Ablösung der *Labour*-Regierung durch die Konservativen führen könnte, wäre das Ende jeder europäischen Gemeinschaftspolitik, wenn nicht gar das Ende der Gemeinschaft überhaupt. Es sollte in dieser Hinsicht daran erinnert werden, daß *Konrad Adenauer*[12] seine größten Wahlsiege im Zeichen der Europapolitik erfocht und damit zugleich bei den Sozialdemokraten, die in ihrem Heidelberger Programm von 1925[13] noch ausdrücklich die „Schaffung der europäischen Wirtschaftseinheit" und die „Bildung der Vereinigten Staaten von Europa" gefordert hatten, eine tiefe Skepsis gegenüber den europäischen Einigungsplänen hervorrief, die bis heute nicht ganz überwunden ist.[14]

20. Wieviel mehr müßte ein Europäisches Parlament, das mehrheitlich anders als ein nationales Parlament zusammengesetzt ist und dann noch über direkte Vollmachten verfügt, also beispielsweise eine *sozialistische* oder eine *konservative* Kommission bestellen könnte, auf das demokratische Kräftespiel in den einzelnen Mitgliedstaaten Einfluß nehmen können! Hier ist der eigentliche Kern der Vorbehalte gegenüber dem europäischen Einigungsprozeß zu sehen. Nichts wäre gefährlicher, als diese Vorbehalte zu leicht zu nehmen oder als *Parteiengezänk* zu diffamieren. Die Vorbehalte würden dadurch nicht ausgeräumt, sondern eher noch verstärkt und nichts wäre verhängnisvoller, als im Zeichen der Demokratisierung der Gemeinschaft die nationalen Demokratien aufzuheben oder in ihrer Funktionsfähigkeit zu beeinträchtigen.

Europäisches Parlament: Koalition der Demokraten

21. Wie kann in dieser Situation aus der Direktwahl des Europäischen Parlaments doch noch ein sinnvoller Vorgang gemacht werden? Erste Voraussetzung ist, daß die Erwartungen hinsichtlich der Möglichkeiten des Europäischen Parlaments selbst auf ein realistisches Maß heruntergeschraubt werden. Es erscheint angesichts der hier beschriebenen Situation kaum möglich, dem Parlament direkte legislative Befugnisse einzuräumen, wie es Tindemans in seinem Bericht fordert. Denkbar ist, daß das Parlament ein vertraglich stärker abgesichertes *Anhörungsrecht* erhält. Auch ein *Initiativrecht*, wie es Tindemans für eine spätere Phase vorschlägt, ist noch vorstellbar. Beides würde die *Kontrollfunktion* des Parlaments gegenüber den Gemeinschaftsorganen (nicht aber gegenüber nationalen Parlamenten und Regierungen) verstärken, was auch von der britischen Regierung befürwortet wird. Alle Regierungen stimmen weiter darin überein, daß das Parlament dazu beitragen solle, die Vorgänge auf Gemeinschaftsebene durchsichtiger und verständlicher werden zu lassen. Die von Tindemans vorgeschlagene jährliche „Debatte über den Stand der Union und das Funkionieren der Organe"[15] entspricht den bereits üblichen Debatten des Parlaments über Haushalt der Gemeinschaft und Jahresbericht der Kommission. So neu ist das also nicht, denn schon heute greift das Parlament von sich aus Fragen auf, die über die bestehenden Gemeinschaftsverträge hinausweisen, beispielsweise Fragen zur politischen Zusammenarbeit.

22. Die zweite, sehr viel entscheidendere Voraussetzung aber ist, daß politische Inhalte definiert werden, wozu auch die Bereitschaft gehört, manche Inhalte der bisherigen Gemeinschaftspolitik – wenn man beispielsweise an die Agrarpolitik denkt – neu zu bestimmen. Was können und dürfen die Mitglieder von ihrer Gemeinschaft fordern, was kann und muß die Außenwelt von ihr erwarten? Beide Aspekte sind untrennbar miteinander verbunden, keinem von beiden darf zum Nachteil des jeweils anderen ein Vorrang eingeräumt werden. Die inhaltliche Erörterung europäischer Politik ist natürlich eine Herausforderung an die Parteien. In dieser Hinsicht kann von den europäischen Direktwahlen eine positive Wirkung ausgehen, insofern sie die Parteien zwingen und Christdemokraten, Sozialdemokraten und Liberale in der Tat schon gezwungen haben, sich zu transnationalen Parteien oder Parteibünden zusammenzuschließen.* Und nur ein konkret auf Inhalte ausgerichteter Wahlkampf dürfte eine Chance bieten, den Bürger aus seiner Europa-Verdrossenheit herauszulocken. Eine Wahlbeteiligung unter 50% wäre für Europa schlimmer als gar keine Wahl!

23. Erst wenn man sich über die Inhalte einigermaßen klar ist, wird man festlegen können, wie die Institutionen der Gemeinschaft beziehungsweise der Europäischen Union beschaffen sein müssen, um eine optimale politische Entscheidungsfindung und Entscheidungsdurchführung zu gewährleisten. Das Problem der *Supranationalität* wird dabei im Mittelpunkt stehen, wobei schon jetzt davor zu warnen ist, Supranationalität um ihrer selbst willen, als Selbstzweck zu fordern. Tragendes Element gemeinschaftlicher Institutionen wird ein ausgewogenes Zusammenwirken zwischen Mitgliedstaaten und unabhängigen Gemeinschaftsorganen sein müssen, für das es wahrscheinlich kein Vorbild gibt, auch wenn Elemente

* Vergleiche hierzu *Materialien zur Europapolitik, Band 2, Die europäischen Parteien* mit den Programmen der drei Zusammenschlüsse (sozialdemokratisch, christlichdemokratisch, liberal), herausgegeben vom Institut für Europäische Politik im Europa Union Verlag, Bonn 1977.

der bestehenden Gemeinschaftsverträge sicherlich wertvolle Hinweise beim weiteren Ausbau der Gemeinschaft geben können.

24. Europäische Politik ist auf lange Sicht nicht als das Ergebnis von einfachen Mehrheitsentscheidungen denkbar, weder durch Mehrheitsentscheidungen unter den beteiligten Regierungen, noch durch Mehrheitsbeschlüsse eines Europäischen Parlaments, in dem sich gewissermaßen eine politische *Regierungsfraktion* einer *Oppositionsfraktion* gegenüber durchsetzen würde. Das ginge schon allein aus dem Grunde nicht, weil – um mit dem Spierenburg-Bericht zu sprechen – „in den Gemeinschaften vorläufig nur die nationalen Regierungen, jede in ihrer eigenen nationalen Gesellschaft, Autorität besitzen und die politischen Entscheidungen in den Gemeinschaften vorläufig nur daraus hergeleitet werden können, daß sie gemeinsame Entscheidungen der Regierungen sind".[16]

25. Es wird also bis auf weiteres keine politisch einseitig oder auch nur eindeutig definierbare Gemeinschaftsexekutive – weder als Rat noch als Kommission – geben, die sich auf eine bestimmte Gruppierung im Europäischen Parlament stützen könnte und umgekehrt. Das freilich schließt nicht aus, daß Entscheidungsfindung und Beschlußverfahren der Regierungen im Rat verbessert werden können. Sowohl Tindemans wie auch der Spierenburg-Bericht weisen auf solche Möglichkeiten hin, die übrigens auch von Callaghan nicht grundsätzlich ausgeschlossen werden.

26. Es bietet sich deshalb als Ausweg oder sogar als Lösung an, den *gemeinsamen Entscheidungen* der Regierungen eine breite *Koalition der Demokraten* im Europäischen Parlament gegenüberzustellen. Damit wäre die parlamentarische Demokratie keineswegs aufgehoben, sie wäre lediglich auf die klassische Konfrontation Rat und Kommission als Exekutive versus Parlament als Kontrollinstanz zurückgeführt. Das wiederum schließt auch nicht aus, daß im Einzelfall eine Entscheidung stärker sozialistisch, eine andere stärker liberal oder konservativ geprägt sein wird. Zustandekommen wird sie jedenfalls nur auf der Grundlage eines Konsenses oder eines Kompromisses, der für die gemeinsame Entscheidung der Regierungen im Rat ausreicht. Sprüche wie *Europa wird sozialistisch (liberal, konservativ* usw.) *sein oder es wird nicht sein,* sind der Verwirklichung europäischer Zielsetzungen eher hinderlich als zuträglich. Die Koalition der Demokraten im Europäischen Parlament – nicht nur als Verlegenheitslösung, sondern als Prinzip zumindest auf längere Zeit – könnte dem Einigungsprozeß in der Tat neue Impulse geben. Die nicht zu unterschätzende Sorge, daß die Koalitionsfreiheit in den nationalen Parlamenten durch ein Europäisches Parlament mit weitreichenden Vollmachten direkt oder auch nur indirekt beeinträchtigt werden könnte, wäre damit gegenstandslos. Zugleich könnte – wie der Spierenburg-Bericht es formuliert hat – „eines der großen Hindernisse, die dieser Integration zur Zeit im Wege stehen", ausgeräumt werden, nämlich „die Entfremdung der europäischen Bürger von einem als nur technokratisch empfundenen Integrationsprozeß".[17]

2. *Kapitel*

Beschreibung einer Dauerkrise

Der Zerfall der Gemeinschaft schreitet fort

27. Man braucht nicht erst auf den Bericht von Leo Tindemans oder die Stellungnahme des Spierenburg-Berichts zu den Perspektiven einer Europäischen Union zurückzugreifen, um festzustellen, daß sich die europäische Einigungspolitik und ihr bisher wichtigstes Resultat – die Europäische Gemeinschaft – seit Jahren in einem krisenhaften Zustand befinden. Immer stärker wirken internationale Vorgänge – die Not in der Dritten Welt, Auflösung der gewohnten Weltwirtschaftsordnung, Umweltverschmutzung, Rohstoffverknappung, weiterer Rüstungswettlauf und seit jüngster Zeit strukturelle Arbeitslosigkeit – auf die einzelnen Staaten, also auch auf die Mitgliedstaaten der Gemeinschaft ein und lösen dort je nach politischer und wirtschaftlicher Lage unterschiedliche Reaktionen aus. Umgekehrt bestimmen innenpolitische Auseinandersetzungen oder Krisen – die deutsch-deutschen Beziehungen und damit in Zusammenhang die Problematik der Ostpolitik in der Bundesrepublik Deutschland, die zunehmende Macht der Kommunistischen Partei in Italien, die Gefahr einer Erneuerung des Volksfrontbündnisses in Frankreich, die Wirtschaftslage und die Gewerkschaftspolitik in Großbritannien – und unterschiedliche gesellschaftspolitische Vorstellungen das Verhalten der Mitgliedsregierungen innerhalb der Gemeinschaft und gegenüber dritten Staaten, so wie natürlich auch das Verhalten dritter Staaten gegenüber der Gemeinschaft oder den einzelnen Mitgliedstaaten von solchen Vorgängen bestimmt wird.

28. Die Reaktionen auf diese Entwicklung sind höchst unterschiedlich und in sich widersprüchlich. Das beginnt bereits mit der Feststellung, daß die Gemeinschaft den Zusammenbruch des alten, auf den amerikanischen Dollar gegründeten Weltwährungssystems, die Energiekrise, den Zerfall der Weltwirtschaftsordnung zwar nicht ausgelöst hat, aber durch ihre über Jahrzehnte betriebene Politik ungehemmten wirtschaftlichen Wachstums, durch das Festhalten an der klassischen Arbeitsteilung zwischen Industriestaaten und Dritter Welt und ihrer Unfähigkeit, den sich ja nicht erst seit 1973 abzeichnenden weltweiten Entwicklungen rechtzeitig entgegenzusteuern, mittelbar zumindest mitverursacht hat. Sie ist also in gewissem Sinne Opfer und Schuldiger zugleich.

29. Dabei zeigte sich, daß solche Vorgänge durch den Einigungswall, mit dem sich erst sechs (Belgien, Bundesrepublik Deutschland, Frankreich, Italien, Luxemburg, Niederlande) und dann neun (hinzukamen Dänemark, Großbritannien und Irland) Staaten umgaben, immer stärker auf die einzelnen Mitglieder unmittelbar durchschlugen, und zwar gerade auf den Gebieten, auf denen die Gemeinschaft vertraglich zuständig ist: Kohle und Stahl (als erster Bereich 1951 in der *Europä-*

ischen Gemeinschaft für Kohle und Stahl/EGKS – Montanunion – zusammengefaßt), Kernindustrie (geregelt im Römischen Vertrag von 1957 über die *Europäische Atomgemeinschaft/EURATOM*) und schließlich Wirtschaft und – ansatzweise – Währung (Römischer Vertrag von 1957 über die *Europäische Wirtschaftsgemeinschaft/EWG*). Alle drei Bereiche wurden später bei formaler Weitergeltung der Einzelverträge zur *Europäischen Gemeinschaft* vereinigt. Wie diese Auswirkungen einzuschätzen sind, läßt sich erneut dem Bericht des niederländischen Beratungsausschusses entnehmen. Dort heißt es nach Schilderung der anfänglichen positiven Wirkungen der Gemeinschaftspolitik, auf die später noch zurückzukommen sein wird, unter anderem: „So sind die Zielsetzungen von EURATOM kaum oder gar nicht erreicht worden. Es gibt noch zahlreiche Handelsbehinderungen nicht tarifmäßiger Art. Von einer gemeinsamen Verkehrspolitik und einer gemeinsamen Energiepolitik (verteilt auf drei europäische Verträge) kann kaum die Rede sein. Zum Zeitpunkt der Ölkrise Ende 1973 erwies sich die Gemeinschaft auf dem Energiesektor als vollkommen machtlos. Hinsichtlich des freien Kapitalverkehrs ist eher ein Rückgang als ein Fortschritt zu verzeichnen. Der Sozialpolitik ist trotz einer eindrucksvollen Absichtserklärung der Gipfelkonferenz 1972 und ausführlicher Vorschläge der Europäischen Kommission bisher kaum Inhalt gegeben worden . . . Im allgemeinen ist festzustellen, daß die Mitgliedstaaten auf Schutzmaßnahmen zurückgegriffen haben, die für den Vertrag ungreifbar sind. Hierbei handelt es sich insbesondere um nationale Unterstützungsmaßnahmen, die ein so großes Ausmaß angenommen haben, daß die Wettbewerbspolitik der Wirtschaftsgemeinschaft heute sehr zu wünschen übrig läßt . . . Die monetäre Zusammenarbeit sowie die Vorberatung über die nationale Haushaltspolitik sind vorerst völlig gescheitert.“ Und nun folgt nach weiteren Aufzählungen von positiven und negativen Ergebnissen der Gemeinschaftspolitik die entscheidende Schlußfolgerung des Ausschusses: „Anzeichen einer Gefährdung der elementaren Errungenschaften des Gemeinsamen Marktes und eines Rückfalls in den früheren Bilateralismus sind in beunruhigendem Maße vorhanden. Das Risiko eines formellen Auseinanderfallens der Gemeinschaften ist nach Ansicht des Ausschusses zwar nicht gegeben, aber die Gefahr eines fortschreitenden Zerfalls und somit schließlich eines Dahinschwindens des von den Gemeinschaften und durch sie Erreichten, liegt sicherlich im Bereich des Möglichen.“[18]

Krisenmanagement: Europäische Politische Zusammenarbeit

30. Das gemeinschaftliche Ist entspricht offensichtlich immer weniger dem gemeinschaftlichen Soll. Die Gemeinschaft hat bestenfalls noch eine Koordinierungs- und Informationsfunktion, eine Überwachungsfunktion für die fest vergemeinschafteten Bereiche, in einigen Fällen übt sie einen Harmonisierungseffekt aus, sofern diese Funktionen und Effekte nicht längst durch eine Aushöhlung der Gemeinschaftsverträge (beispielsweise durch die faktische Wiederherstellung neuer Binnenmarktgrenzen als Folge der Finanzausgleichsregelung auf dem Agrarmarkt) relativiert oder ganz in Frage gestellt wurden.

31. Im Widerspruch dazu steht allerdings die Tatsache, auf die Helmut Schmidt in seiner Regierungserklärung vom 19. Januar 1978 hingewiesen hat, daß nämlich die Regierungen gerade angesichts der weltweiten krisenhaften Entwicklungen in der Gemeinschaft sich immer öfter konsultieren und ihr Verhalten aufeinander abstimmen.[19] Trotz höchst unterschiedlicher Währungskurs- und Preisentwicklungen in den neun Ländern, die zwangsläufig zu einer Behinderung des Binnenaustausches führen, ist es gelungen, den freien Markt zu erhalten und Schlimmeres zu verhüten. Angesichts des Ausmaßes der weltweiten Rezession ist das eine außerordentliche Leistung. Bei Währungskrisen sind sich die Gemeinschaftsmitglieder noch immer solidarisch beigestanden. Italien, Großbritannien und Frankreich wissen das zu schätzen.

32. Der Anteil der Gemeinschaft an diesem Erfolg ist freilich gering. Sie hat mit den regelmäßigen Ratssitzungen bestenfalls einen hilfreichen Rahmen geliefert. Die Maßnahmen der Regierungen zur Abwendung noch schlimmerer Entwicklungen wurden nicht aufgrund der bestehenden Gemeinschaftsverträge ergriffen, sie liefen und laufen neben den Gemeinschaften her, in multilateralen Übereinkünften, die durch eine Fülle bilateraler Konsultationen vorbereitet werden.

33. Ein ganz ähnlicher Vorgang zeichnet sich auf dem Gebiet der politischen Zusammenarbeit ab. In genau demselben Zeitraum, für den der Spierenburg-Bericht einen fortschreitenden Verfall der Gemeinschaften feststellt, dessen schlimmste Konsequenzen jedoch durch gemeinsames Handeln der Regierungen aufgefangen wurden, hat sich die Praxis der *Europäischen Politischen Zusammenarbeit* entwikkelt, die auch ohne Vertrag fast institutionellen Charakter angenommen hat. Sie geht zurück auf die europäischen Gipfelkonferenzen 1969 und 1972. Der Begriff *Europäische Politische Zusammenarbeit* und das Kürzel *EPZ* haben sich gewissermaßen von selbst ergeben und sind seit 1974 selbstverständliche Bezeichnungen. Verlautbarungen im Rahmen der EPZ werden von den Regierungen in ihrer Funktion als *Europäischer Rat* (eine Bezeichnung, die gleichfalls nicht vertraglich festgelegt, sondern durch freie Vereinbarung der Staats- und Regierungschefs zustande kam) oder als *Regierungschefs der Mitgliedsländer der Europäischen Gemeinschaft* veröffentlicht, womit sie den Anspruch, als Gemeinschaft und für die Gemeinschaft zu handeln, offiziell zu erkennen geben.[20]

34. Es geht an dieser Stelle nicht darum, welche Erfolge der EPZ im einzelnen beschieden waren. Das gemeinsame erfolgreiche Auftreten der Neun auf der *Konferenz für Sicherheit und Zusammenarbeit in Europa* (KSZE) geht beispielsweise auf ihr Konto. Wichtige Abstimmungen in Hinblick auf die Weltwirtschaftsordnung, den Nahost-Konflikt oder die Lage im Südlichen Afrika wurden durch die EPZ zumindest erleichtert, wenn nicht gar erst ermöglicht. Hier geht es ebenso wie im Falle der finanzpolitischen Zusammenarbeit, auf die Bundeskanzler Schmidt hinweist, um die Bewertung der Bedeutung multi- und bilateraler Kooperation unter den Mitgliedstaaten der Gemeinschaft im Verhältnis zur *Vertragsgemeinschaft*, also zu der auf die drei Gemeinschaftsverträge und Folgeverträge gegründeten Europäischen Gemeinschaft. Die zentrale Frage lautet: ist diese Kooperation der Regierungen, der man Erfolge nicht absprechen kann, als eine der Gemeinschaft voll zu gute kommende Ergänzung anzusehen, wie sie Tindemans in seinem Bericht über die Perspektiven der *Europäischen Union* skizziert, oder unternehmen die Regierungen auf diese Weise den Versuch, eine weitgehend im Abseits stehende Vertragsgemeinschaft weiter auszuhöhlen, also die Forderung des französischen Staatspräsidenten *Charles de Gaulle*, der übernationalen Gemeinschaft den Garaus zu machen, postum und mit Hilfe der Briten doch noch zu erfüllen? Die Verachtung, mit der General de Gaulle die Vertreter des Gemeinschaftsgedankens behandelte, ist nach wie vor erwähnenswert, weil sie mit Sicherheit nicht nur für das Denken dieses einen Mannes typisch ist, sondern von einer ganzen Reihe von Politikern und auch einfachen Bürgern geteilt werden dürfte. So erklärte er 1961: „Wer meint, man könne außerhalb und oberhalb der Staaten etwas aufbauen, das handlungsfähig ist und die Billigung der Völker findet, jagt einem Trugbild nach." Und 1963 rief er aus: „Wenn wir wollen, daß sich die sechs Länder . . . zu einem organisierten Europa zusammenschließen, dann müssen wir davon ausgehen, daß sie es auf der Grundlage der Wirklichkeit, mit anderen Worten: der Staaten tun und nicht etwa, indem sie sich selbst in Gott weiß welcher Integration aufheben."[21]

35. Die Frage ist nicht leicht zu beantworten und wird an anderer Stelle dieses Bandes noch einmal aufzugreifen sein. Fest steht lediglich, daß die *Europäische Kommission* in Brüssel in den letzten Jahren immer mehr aus dem Blickfeld geraten ist. Zeitweise hat der Ministerrat (also die Regierungen) Kommissionsvorlagen nur schleppend behandelt. In anderen Fällen haben die Regierungen Entscheidungen getroffen, ohne die Kommission überhaupt nur anzuhören. Die These des ersten Präsidenten der damaligen EWG-Kommission, Prof. *Walter Hallstein*, die Kommission müsse möglichst selbstbewußt – wie eine Regierung* – auftreten, damit die nationalen Regierungen und die Öffentlichkeit nicht an ihr vorübergehen können, hat sich also ebenso unwirksam erwiesen wie die Gegenthese, die Kommission möge möglichst im Stillen arbeiten, damit sie sich um so mehr entfalten könne. De Gaulle ließ sich durch solche Anmaßung genau so wenig wie durch Bescheidung beeindrucken. Für ihn war die Brüsseler Kommission ebenso wie zuvor die Hohe Behörde in Luxemburg „irgendein technokratischer, vaterlandsloser und unverantwortlicher Areopag", der eine „europäische Föderation, in der nach den Wunschträumen ihrer Väter die Länder ihre nationale Persönlichkeit verlören, in Ermangelung eines Föderators" regiere.[22] Mit dem Vorschlag der Gründung einer *Politischen Union*, die aus der *Konferenz der Staats- und Regierungschefs* und einem *Politischen Sekretariat* ohne eigene Befugnisse erstehen sollte,[23] wollte de Gaulle die Unabhängigkeit der Gemeinschaftsorgane aushöhlen. Seine damaligen Pläne gleichen in vielfacher Hinsicht den Überlegungen der europäischen Staats- und Regierungschefs zur *Europäischen Union* und dem im Rahmen der *Europäischen Politischen Zusammenarbeit* praktizierten Vorgehen.

* Der Autor war selbst Zeuge mehrerer Gespräche, in denen Hallstein betonte, daß er eigentlich der „Regierungschef" der EWG sei. Poullet und Deprez (vgl. Anmerkung 21) zitieren in ihrer Arbeit auf Seite 91/92 L. Lindberg, der zu berichten weiß, daß Hallstein amerikanischen Journalisten gegenüber geäußert habe, „man könne ihn als eine Art europäischen Ministerpräsidenten ansehen."

36. Die Befürchtung, die Regierungen könnten durch direkte multi- und bilaterale Zusammenarbeit der Vertragsgemeinschaft den Boden entziehen, ist deshalb nicht völlig von der Hand zu weisen. Dagegen spricht indessen die pragmatische Handhabung der neuen Instrumente. Nach ursprünglichem Zögern, die Kommission an ihren Beratungen zu beteiligen, was im Sommer 1973 dazu führte, daß sich die Außenminister im Rahmen der EPZ in Kopenhagen versammelten und anschließend nach Brüssel flogen, um dort als Ministerrat der Vertragsgemeinschaft weiterzutagen, gehen jetzt zwischenstaatliche Konferenzen und gemeinschaftliche Ratstagungen der Regierungsvertreter naht- und reibungslos ineinanderüber. Auch das zur Prestigefrage hochstilisierte Problem, ob die Vertragsgemeinschaft – vertreten durch ihren Ratspräsidenten und den Kommissionspräsidenten – an den exklusiven *Wirtschaftsgipfeln* der wichtigsten Industriestaaten teilnehmen darf, wurde nach zweijährigem Tauziehen zugunsten der Gemeinschaft gelöst.

37. Eine positive Deutung dieser Entwicklung gibt auch der Staatssekretär im Auswärtigen Amt van Well, der ähnlich wie der Spierenburg-Bericht (vgl. Abschnitt (9)) nachweist, daß „die bilateralen Beziehungen zwischen den Mitgliedstaaten eher an Bedeutung (gewinnen) statt sie zu verlieren".[24] Wenn heute Regierungschefs oder Außenminister der Gemeinschaftsländer immer wieder versichern, daß es kaum noch bilaterale Probleme zwischen ihnen gäbe, dann – so meint van Well – „sagt das wenig aus über die Bedeutung des bilateralen Dialogs für die Lösung der gemeinsamen europäischen Aufgaben; europäische Entscheidungen bedürfen bei der gegenwärtigen Struktur der Gemeinschaft der ständigen bilateralen Abklärung". In der Tat ist es ein erheblicher Unterschied, ob bilaterale Konsultationen der Lösung bilateraler Konflikte im eigentlichen Sinne dieses Begriffes dienen, oder ob auf diesem Wege die Lösung gemeinsamer Probleme vorbereitet und erleichtert wird. Noch wichtiger aber dürfte die Bemerkung van Wells sein, daß die nationalen Regierungen zwar nach wie vor die entscheidenden Organe seien, aber bei der Ausübung ihrer Macht „nicht nur nationalen, sondern auch europäischen Gesetzen und Entscheidungen" folgen müssen. Hier werden also die nationalen Regierungen gewissermaßen als Gewährsträger und Exekutivorgane der Vertragsgemeinschaft ausgewiesen, eine Deutung, die sich General de Gaulle mit Sicherheit nie zu eigen gemacht hätte und die wohl auch den Briten noch lange Zeit Schwierigkeiten bereiten dürfte.

Auf der nutzlosen Suche nach Schuldigen

38. „Nicht als Nothelfer der Gemeinschaft im Ausnahmefall, sondern als deren Steuerleute wollen sich die Regierungschefs von nun an verstehen", so urteilt Christoph Sasse in seiner ausführlichen Untersuchung über Entscheidungsprozesse in der Europäischen Gemeinschaft über die *de facto*-Institutionalisierung des *Europäischen Rates* und der regelmäßigen Treffen der Regierungschefs der Vertragsgemeinschaften.[25] Der Kommission rät Sasse, die damit verbundene *Änderung des*

institutionellen Gleichgewichts nicht allzu tragisch zu nehmen. Angesichts der Alternative, dieses Gleichgewicht um jeden Preis zu wahren, dafür aber das der Kommission zustehende Vorschlagsrecht nicht ausschöpfen zu können, wenn vertragliche Zwänge oder politische Impulse fehlen, oder durch „die Festlegung der Mitgliedstaaten auf Gipfelbeschlüsse das Durchsetzungsvermögen der Kommission" zu verstärken, empfiehlt Sasse das letztere. Diese Empfehlung relativiert er indessen mit der Feststellung, daß „für die fernere Entwicklung eines verfaßten Europas . . . weder die traditionelle Konferenz der Staats- und Regierungschefs noch die kompetenzverwischende Kreation des *Europäischen Rats* einen sonderlich verheißungsvollen Ansatz" darstellen. Ungeachtet dieser Skepsis sollte indessen mit Blick auf mögliche institutionelle Regelungen für eine Europäische Union oder Europäische Politische Gemeinschaft die Erfahrung mit dem Europäischen Rat und der EPZ nicht außer acht gelassen werden.

39. Zumindest bleibt die Frage, ob die Fixierung auf die institutionellen Gemeinschaftsstrukturen, wie sie seit 1951 entstanden und sich inzwischen verfestigt haben, richtig ist und weiterhilft. Tindemans zeigt zwar in seinem Bericht die umfassende Problematik der europäischen Einigung auf, beschränkt sich aber in seinem operativen Teil auf die herkömmlichen Modellvorstellungen in Verbindung mit lobenswerten, aber bislang nicht aufgegriffenen Appellen an Regierungen und Öffentlichkeit. Einer tieferen Analyse der Gründe für die Stagnation des europäischen Einigungsprozesses geht er aus dem Wege. Seine These, Europa sei gleichermassen „Opfer seiner Erfolge", weil die Öffentlichkeit meine, mit der Europäischen Gemeinschaft sei doch das Wichtigste erreicht worden, und „Opfer seiner Fehlschläge", weil allzu viele fruchtlose Diskussionen die Glaubwürdigkeit und Aktualität des gemeinsamen Unternehmens in Frage gestellt hätten, ist wenig hilfreich und führt kaum weiter.

40. In der öffentlichen Diskussion wiederum, soweit Europa überhaupt noch Gegenstand solcher Diskussion ist, begibt man sich in der Regel auf die Suche nach subjektiv Verantwortlichen, nach *Schuldigen*: nach wie vor General de Gaulle, aber auch *die* Franzosen und natürlich *die* Engländer. Gelegentlich ist man ehrlich genug, auch der Bundesrepublik einen gut Teil Schuld am Zustand der Gemeinschaft zuzumessen. Gemessen wird solche Schuld meistens an irgendwelchen spektakulären Vorgängen, beispielsweise an der Verhinderung eines Beschlusses über die gemeinsame Fischereipolitik durch Großbritannien. Die weiter vorn erläuterte Schwierigkeit der innen- und parteipolitischen Durchsetzung von Gemeinschaftsbeschlüssen in den einzelnen Ländern reicht zu Erklärung der Stagnation im Gemeinschaftsbereich allein nicht aus. Ginge es wirklich nur um solche Schwierigkeiten, dann würden sich Giscard d'Estaing, Schmidt und Callaghan untereinander und mit ihren Kollegen sicher schnell einig. Daraus kann man nur folgern, daß es um tiefere Dinge geht, die in der Öffentlichkeit weniger zur Kenntnis genommen werden, die sich dem subjektiven Verhalten politischer Entscheidungsträger entziehen, die letztlich in gesellschaftlichen nationalen und internationalen Strukturen zu suchen sind, vor allem in dem tiefgreifenden Wandel, dem diese Strukturen in den letzten zwanzig Jahren unterworfen waren und dem sie in immer schnellerem Rhythmus unterworfen bleiben.

41. Deshalb würde es auch wenig nutzen, die Probleme der europäischen Einigung nur oder auch nur in erster Linie an detaillierten institutionellen Überlegungen festzumachen. Was fehlt und nach wie vor sträflich vernachläßigt wird, sind Analysen der Ursachen und Bedingungen für eine wirksame und erfolgreiche Gemeinschaftspolitik. Zwar gibt es solche Analysen auf dem Gebiet der Ost-West-Beziehungen und zunehmend auch der Dritten-Welt-Problematik, aber nur selten werden sie mit den Strukturproblemen und der politischen Entscheidungsfindung in der Gemeinschaft verknüpft. Dagegen gibt es eine Fülle von wissenschaftlichen Arbeiten über die Europäische Gemeinschaft im besonderen und die europäische Einigung im allgemeinen, die die Lösung der inneren und äußeren Probleme vorrangig innerhalb des vorgegebenen Gemeinschaftsmodells suchen, aber dieses Modell kaum auf seine Eignung zur Lösung dieser Probleme überprüfen.*

Warnung vor Europa Supermacht

42. Eine solche Überprüfung oder Infragestellung des bestehenden Gemeinschaftsmodells und der traditionellen Modelle für den Ausbau der europäischen Einigung bedeutet in keiner Weise eine grundsätzliche oder auch nur teilweise Ablehnung des europäischen Einigungsgedankens, wie sie am konsequentesten von *Johan Galtung* vertreten wird, der in der Europäischen Gemeinschaft den „Versuch der Wiederherstellung einer eurozentrischen Welt, also einer Welt, deren Zentrum in Europa liegt“ sieht, noch dazu eines „unizentrischen Europa, also eines Europa, dessen Zentrum im Westen liegt“.[26] Gegen Galtungs Sorge, daß mit der Gemeinschaft eine „neue Supermacht im Entstehen begriffen“ sei, spricht zunächst der mühsame Ablauf des Integrationsprozesses. Wäre diese Tendenz wirklich in dem von Galtung behaupteten Ausmaß vorhanden, dann hätten sich die westeuropä-

* So fällt es auf, daß es drei Richtungen europawissenschaftlicher Literatur gibt, oft innerhalb eines Verlages, wie beispielsweise im *Europa Union Verlag* in Bonn, die Einzelfragen hervorragend verdeutlichen, vertiefen und dokumentieren, etwa auf Spezialbereichen (vgl. Franzmeyer/Seidel, *Überstaatlicher Finanzausgleich und europäische Integration*), mit Blick auf institutionelle Probleme (vgl. Sasse, *Regierungen, Parlamente, Ministerrat / Entscheidungsprozesse in der Europäischen Gemeinschaft*) und schließlich Arbeiten zur verfassungsrechtlichen oder allgemeinen europapolitischen Theorie (typisches Beispiel: Heinrich Schneider, *Leitbilder der Europapolitik 1 / Der Weg zur Integration*). Nur selten kommt es zu Verknüpfungen dieser drei gleich wichtigen Aspekte. Theorie und Praxis werden also weiterhin säuberlich voneinander getrennt – von einigen populären Darstellungen abgesehen (vgl. Schöndube/Ruppert, *Eine Idee setzt sich durch*, Verlag Heinrich Warnecke, Hangelar 1964) und einigen wenigen Ausnahmen (Schneider/Wessels, *Auf dem Weg zur Europäischen Union? Diskussionsbeiträge zum Tindemans-Bericht* – obschon auch in diesem Sammelband die institutionellen Auseinandersetzungen die inhaltlichen Problemstellungen verdrängen).

ischen Kräfte schon längst zu dieser Supermacht formieren können. Es bleiben aber in Galtungs Kritik genügend Elemente, die der Aufarbeitung bedürfen, beispielsweise Elemente, die auf eine Störung der weltwirtschaftlichen Entwicklung durch die Gemeinschaft hindeuten, die – ohne es von ihren Institutionen her zu sein – dennoch *strukturell* das Gewicht einer *Supermacht* besitzt. Daß diese Überlegung gar nicht so abwegig ist, wird durch den Umstand unterstrichen, daß zahlreiche Staaten der Dritten Welt die Gemeinschaft als Machtfaktor anerkennen, mit ihr Beziehungen aller Art unterhalten und ihr eine zentrale Verantwortung für eine gerechtere Gestaltung der weltwirtschaftlichen Beziehungen zuschreiben. In ganz ähnlicher Weise verhalten sich auch die Sowjetunion und die anderen sozialistischen Staaten Osteuropas gegenüber der Gemeinschaft: auf der einen Seite lehnen sie die Gemeinschaft ab, weil sie in ihr einen Störfaktor sehen, auf der anderen Seite unterhalten sie mit ihr Beziehungen, weil sie als Faktor im internationalen Beziehungsgeflecht nicht länger zu umgehen ist.

43. In der Tat scheint es die entscheidende Frage zu sein, ob man in der europäischen Einigung (1) nur ein Mittel zur nochmaligen – und nach Galtung letztmaligen – *Wiederherstellung europäischer Vormacht* oder zumindest überragender Machtausübung in der Welt, (2) eine *Form der Selbstbehauptung* in einer unruhigen Umwelt, eine Insel friedlichen Wohlstandes, oder (3) einen konstruktiven *Beitrag zu einer gerechteren Weltordnung* sehen will.

44. Was die erste Möglichkeit betrifft, so dürften sich nur noch wenige Europäer irgendwelchen Illusionen hingeben. Galtungs Warnung und Kritik haben mit Blick auf mögliche Großmachtträume in der Tat ihre Bedeutung. Die zweite Möglichkeit ist für manch einen ein durchaus erstrebenswertes Ziel: der Traum vom *Greater Holland* – man könnte ihn auch den Traum vom *Europa à la Skandinavien* oder den Traum von der *Schweizer Idylle* nennen – spukt noch in manchen Köpfen. In der Bundesrepublik hat sich bis vor noch gar nicht allzu langer Zeit die Illusion gehalten, es könne immer so weiter gehen wie in den sechziger Jahren: *Wohlstand ohne Ende*. Darüber wurde und wird bisweilen heute noch vergessen, daß die Erhaltung solcher Idylle aus eigener Kraft nicht möglich ist, daß sie beispielsweise von Amerika – und wahrscheinlich auch von der Sowjetunion – toleriert und garantiert werden müßte, daß sie nur durch die Aufrechterhaltung höchst ungleicher und unbeschreibbar ungerechter Weltwirtschaftsbeziehungen möglich wäre. Galtung hat deshalb nicht unrecht, wenn er davon ausgeht, daß auch diese Vorstellung Europa den Charakter einer Supermacht verleihen muß, weil ohne Macht diese Idylle nicht zu schaffen und vor allem nicht auf Dauer zu halten wäre.

45. Bleibt die dritte Möglichkeit: ein geeintes Europa als konstruktiver Beitrag zu einer gerechteren Weltordnung – und auch zu einer gerechteren Ordnung unter seinen Mitgliedern selbst. Nur diese dritte Möglichkeit wird in diesem Band in Betracht gezogen. Nur sie dürfte die Chance der Realisierung haben. Das hat auch Tindemans in seinem Bericht erkannt, etwa mit dem Hinweis darauf, daß „die ungleiche Verteilung der Reichtümer . . . die Stabilität des Weltwirtschaftssystems (bedroht)", daß „eine neue Form des Wirtschaftswachstums, die der Lebensqualität und der menschlichen und natürlichen Umwelt stärker Rechnung trägt", erforderlich und „der Transfer von Ressourcen von den Wohlstandsgebieten nach den weniger begünstigten Zonen“ unumgänglich sei.[27]

46. Ob freilich seine Frage „Welches Gewicht haben heute noch einzelne Stimmen, wenn es nicht die der Supermächte sind?“, und die eben doch nach *Europa Supermacht* klingt, zutreffend ist, ob die Europäer wirklich *mit einer Stimme* sprechen müssen, ob wirklich *ein einziges Entscheidungszentrum* notwendig ist – das bedarf der eingehenden und vor allem unvoreingenommenen Prüfung. Denn „die Öffentlichkeit in unseren Ländern wünscht kein technokratisches Europa“, sagt auch Tindemans. Haben wir es erst einmal, dann werden wir es so schnell nicht wieder los!

47. Die unvoreingenommene Prüfung dieser und anderer Fragen ist auch deshalb notwendig, weil gerade der Mangel an Unvoreingenommenheit, der die Debatte über die europäische Einigung kennzeichnet, eine der Ursachen dafür ist, daß sich ein von keinen Fakten gestütztes europapolitisches Wunschdenken entwickeln konnte, das sich immer mehr von der politischen und gesellschaftlichen Wirklichkeit entfernt.

3. Kapitel

Im Rückblick: Pläne, Präambeln, Proklamationen

Am Anfang stand die Friedensidee

48. Stand und Erfolg der europäischen Einigungspolitik dürfen nicht nur an den heutigen Erfordernissen gemessen werden, unter denen an erster Stelle der regionale Ausgleich innerhalb der Gemeinschaft selbst, der Beitrag zu einer gerechteren weltweiten Wirtschaftsordnung sowie die Bewältigung der Wachstums-, Energie- und Umweltkonflikte zu nennen sind. Eine solche Betrachtungsweise wäre in der Tat einseitig: sie würde den bisherigen Leistungen der Gemeinschaft nicht gerecht und würde den Vorteil unterbewerten, den die Integrationspolitik – vor allem der Gemeinsame Markt – allen Europäern, innerhalb wie außerhalb der Gemeinschaft, vor allem aber den Bürgern der Bundesrepublik Deutschland gebracht hat.

49. Vielmehr sind Erfolg und Problematik der europäischen Einigung auch zu den Ansprüchen und Erwartungen in Beziehung zu setzen, wie sie unmittelbar nach 1945 formuliert worden waren. Diese Ansprüche und Erwartungen sind im Spierenburg-Bericht zur Europäischen Union nüchtern und überzeugend beschrieben: „Die europäische Integration war seit Beginn der fünfziger Jahre eine zentrale Zielsetzung der niederländischen Außenpolitik. Sie wurde in den Anfangsjahren insbesondere von dem Gedanken getragen, daß die Möglichkeit eines erneuten innereuropäischen bewaffneten Konflikts für immer ausgeschlossen werden mußte. Dazu war die Schaffung einer Interessengemeinschaft zwischen den Staaten erforderlich, die einem solchen Konflikt jegliche Grundlage entziehen sollte. Insbesondere die Versöhnung der ehemaligen Feinde Frankreich und Deutschland stand hierbei im Vordergrund. Diese Interessengemeinschaft sollte durch eine teilweise Überwindung der politischen Struktur Westeuropas erzielt werden: Eine Reiche von Befugnissen souveräner Staaten sollte supranationalen Organen übertragen werden. In den ersten Jahren spielte hierbei auch die Erwägung eine Rolle, Deutschland wieder in die europäische Völkergemeinschaft aufzunehmen, ohne das Risiko eines Wiederauflebens des deutschen Nationalismus einzugehen. Ferner haben zweifelsohne auch weitergehende internationale politische Überlegungen eine Rolle gespielt. Ein wohlhabenderes und einträchtigeres Westeuropa würde gewiß auch über ein größeres geistiges und materielles Widerstandspotential gegenüber der als akut empfundenen Bedrohung durch die Sowjetunion verfügen und besser in der Lage sein, seine gesellschaftliche Struktur zu erhalten und zu verstärken. Diese Betrachtungsweise der internationalen Verhältnisse hat dem Integrationsprozeß starke Impulse gegeben. Neben diesen politischen Zielsetzungen hatte das Streben nach europäischer Integration auch deutlich eine wirtschaftliche Komponente. In Westeuropa sollte ein großer gemeinsamer Markt entstehen, ohne Zoll- und Handelsschranken, der für die zerstückelten europäischen Volkswirtschaften die Vorteile der Maßstabvergrößerung und Spezialisierung in den Bereich des Möglichen rückte. Der große amerikanische Inlandsmarkt war hierfür natürlich Vorbild. Die Integration der europäischen Märkte schien den Weg zum Wiederaufbau der durch den Krieg zerrütteten Volkswirtschaften und zu einem Wohlstandsniveau zu öffnen, das dem Amerikas vergleichbar ist. Auch der Wunsch, die Abhängigkeit – jedenfalls die wirtschaftliche Abhängigkeit – von den Vereinigten Staaten zu verringern, wird für viele ein Motiv für die Integration gewesen sein."[28]

50. Die rein wirtschaftliche Zielsetzung war also nach dieser Darstellung keineswegs das entscheidende Motiv für die Ingangsetzung der europäischen Einigung. Das bestätigt auch der ehemalige Sprecher der Hohen Behörde der Europäischen Gemeinschaft für Kohle und Stahl, Louis Janz, der aus Anlaß des zwanzigsten Jahrestages der Gründung der Europäischen Wirtschaftsgemeinschaft am 25. März 1977 rückblickend schreibt, daß „das erste Ziel der Gemeinschaft die Sicherung und Erhaltung des Friedens ist". Nach seiner Meinung hat die Gemeinschaft dazu bedeutend mehr beigetragen als die militärischen Allianzen oder Systeme kollektiver Sicherheit der Vergangenheit, weil sie den Frieden zwischen Völkern, die seit Jahrhunderten miteinander verfeindet waren, dauerhaft gesichert habe, und zwar nicht dadurch, „daß sie Kriege risikoreicher machte, sondern durch eine gründliche Veränderung des Bewußtseins dieser Völker". Louis Janz glaubt beobachtet zu haben, daß außerhalb häufig mehr als innerhalb der Gemeinschaft das Gespür für die Bedeutung dieses „europäischen Experiments" vorhanden sei: „Die für den Europäer selbst oft erstaunliche Anziehungskraft der Gemeinschaft beruht neben ihrer Bedeutung als Wirtschafts- und Handelsmacht vorwiegend auf diesem politischen Aspekt."[29]

Politische Einigung versus wirtschaftliche Integration

51. Die Idee der europäischen Einigung als Friedensordnung ist nicht neu und läßt sich durch die Jahrhunderte nachweisen. Sie nahm im Gefolge des ersten Weltkrieges erstmals konkretere Formen an. *Graf Coudenhove-Kalergi* veröffentlichte 1923 sein Buch *Paneuropa*,[30] das in der Öffentlichkeit ein breites Echo fand und die Außenminister Deutschlands und Frankreichs beeinflußte. Die ersten Früchte der Verhandlungen zwischen *Gustav Stresemann* und *Aristide Briand* wurden freilich durch den erneut aufflammenden Nationalismus der dreißiger Jahre zunichte gemacht. Briand warf nach Stresemanns vorzeitigem Tode Ende 1929 noch einmal sein ganzes Gewicht in die Waagschale europäischer Verständigungspolitik, als er am 1. Mai 1930 im Völkerbund ein *Memorandum der französischen Regierung über die Organisation einer europäischen Bundesordnung*[31] vorlegte. Es wurde zu seinem Vermächtnis. Kurz vor Hitlers Machtergreifung starb auch er. Wenige Wochen vor Veröffentlichung des Briand-Memorandums hatte ein anderer Franzose, *Robert Mangin*, im Rahmen eines Wettbewerbs der *Revue des Vivants* einen *Plan einer politischen Föderation der europäischen Staaten* veröffent-

licht.[32] Die Erwähnung beider fast gleichzeitig und unabhängig von einander erschienenen Texte ist deshalb interessant, weil sie den ganzen einigungspolitischen Streit der fünfziger Jahre vorwegnahmen.

52. In seinem Plan geht Mangin davon aus, daß die „europäische Union sich zunächst nur auf wirtschaftlichem Gebiet verwirklichen läßt", die dann eine „rein politische Ergänzung in Form allgemeiner Verträge über eine obligatorische Schiedsgerichtsbarkeit notwendig macht". Damit wäre nach Mangins Vorstellung der „Rohentwurf zweier Bundesorgane" – eines Bundesgerichts und eines Wirtschaftsausschusses – geschaffen: „Dies wird der Tag sein, an dem die Föderation der Europäischen Staaten, wenn auch noch im embryonalen Stadium, das Licht der Welt erblickt – vielleicht ohne daß es bemerkt wird." Was Robert Mangin hier beschreibt, ist nicht mehr und nicht weniger als die Methode, nach der die Europäische Gemeinschaft 1951 und 1957 gegründet wurden.

53. Dem gegenüber heißt es in Briands Memorandum: „Allgemeine Unterordnung des Wirtschaftsproblems unter das politische Problem. Da jede Fortschrittmöglichkeit auf dem Wege der wirtschaftlichen Einigung streng durch die Sicherheitsfrage bestimmt wird und diese Frage selbst eng mit der des erreichbaren Fortschritts auf dem Weg zur politischen Einigung zusammenhängt, müßte die Aufbaubestrebung, die Europa seine organische Struktur geben soll, zunächst auf politischem Gebiet einsetzen." Die Maßnahmen, die Briand dazu vorschlägt, tragen eindeutig zwischenstaatlichen, kooperativen Charakter. Es ist genau die Methode, die später Charles de Gaulle für die Verwirklichung der europäischen Union vorschlagen sollte und die auch heute wieder in Zusammenhang mit der von den Staats- und Regierungschefs ins Auge gefaßten „Europäischen Union" zur Debatte steht.

54. Hitlers Schreckensherrschaft in Europa schien zunächst jeder friedlichen Verständigung zwischen den europäischen Völkern einen Riegel vorgeschoben zu haben. Sie bewirkte aber auch, daß in den Widerstandsbewegungen in Deutschland, Frankreich und vor allem in Italien die europäische Idee eine gewichtige Rolle spielte.[33] Sie hat ohne jeden Zweifel die Entwicklung der Nachkriegspolitik positiv und unwiderruflich beeinflußt.

55. An allererster Stelle ist in der Tat die radikale Änderung der deutsch-französischen Beziehungen hin zur Freundschaft zu nennen, die auch die anderen europäischen Länder von einem politischen Alptraum befreite. Beides bedingte sich übrigens gegenseitig: die deutsch-französische Verständigung wäre ohne die Einbindung in die Politik europäischer Einigung nicht denkbar gewesen, die Entwicklung der europäischen Zusammenarbeit wiederum hing entscheidend davon ab, ob das Mißtrauen zwischen Franzosen und Deutschen abgebaut werden konnte. Und beides war die Voraussetzung für eine allgemeine Freizügigkeit in Westeuropa, die Europas Menschen letztmalig lange vor dem ersten Weltkrieg gekannt hatten und die Millionen Europäern im Osten des Kontinents noch heute vorenthalten wird. Die Freizügigkeit wiederum war die Voraussetzung für den beispiellosen wirtschaftlichen Wiederaufbau in den meisten westeuropäischen Staaten, vor allem im westlichen Teil des im zweiten Weltkrieg zerschlagenen und zerbrochenen Deutschen Reiches.

56. Ohne diese europäische Verständigungspolitik mit dem Ausblick auf eine europäische Einigung wäre eine Nachkriegspolitik, die die Bundesrepublik von immensen Kriegsfolgelasten befreite, überhaupt nicht denkbar gewesen. Der *Marshallplan* einerseits, der mit 12,4 Milliarden Dollar als Initialzündung für den wirtschaftlichen Aufschwung wirkte, und das *Londoner Schuldenabkommen* andererseits, das die Bundesrepublik von finanziellen Verpflichtungen freistellte und faktisch eine friedensvertragliche Regelung im Westen ersetzte, sind die wichtigsten Marksteine auf dem Wege europäischer Zusammenarbeit. Wie deutsche Politik nach 1945 unter einer erdrückenden und andauernden Reparationslast ausgesehen hätte, ist überhaupt nicht vorstellbar! Die bitteren Erfahrungen mit den Folgen des Versailler Vertrages, der den ersten Weltkrieg beendete (oder richtiger gesagt: wirtschaftlich *fortsetzte* – auch das gehört zu den Errungenschaften europäischer Verständigungsarbeit nach 1945, daß man solche Wahrheiten heute aussprechen kann, ohne nationalistische Leidenschaften bei uns oder in Frankreich zu schüren!), waren allen Beteiligten noch präsent. Insofern lag die Verständigung natürlich auch im eigenen Interesse der Siegermächte. Das schmälert den Erfolg dieser Politik ebenso wenig wie die Überlegung, daß die Einbeziehung Westdeutschlands in diesen Prozeß auch dem allgemeinen Sicherheitsbedürfnis gegenüber einer expansiven und aggressiven sowjetischen Politik entsprach und zugleich auch ein Stück Sicherheitspolitik gegen den noch immer gefürchteten Gegner zweier Weltkriege war.

Präambeln ohne Pflichten und Folgen

57. Wenn daraus abgeleitet wird, daß in Westeuropa eine zweckgerichtete ökonomische *Zugewinngemeinschaft* errichtet wurde, die außerdem noch einem elementaren Sicherheitsbedürfnis entsprach, so beinhaltet diese Feststellung zunächst noch keine Kritik. Nüchternes wirtschaftliches Denken war nach 1945 ebenso angebracht wie die Sorge um die äußere Sicherheit. Die Zustimmung der Direktbeteiligten – also damals der sechs Länder – wie auch dritter Betroffener – in erster Linie der Vereinigten Staaten – war freilich unter der Voraussetzung erfolgt, daß eben keine egoistische Wirtschaftsabsprache stattfindet, sondern eine neue staatliche Einheit im Sinne des Völkerrechts entsteht.

58. Was freilich darunter zu verstehen ist, wie weit diese Einheit politische Form annehmen soll, das konnte bis zum heutigen Tage nicht geklärt werden. Auch die Präambeln und Absichtserklärungen in den europäischen Verträgen geben darüber kaum einen Aufschluß. So heißt es in der *Satzung des Europarates* vom 5. Mai 1949,[34] der noch viele Jahre als die eigentliche Ausgangsbasis der europäischen Einigung betrachtet wurde, lediglich, daß eine *engere Verbindung* zwischen den europäischen Ländern hergestellt werden und eine Organisation errichtet werden müsse, in der die Staaten *enger zusammengeschlossen* sind!

59. Die Präambel des Vertrages über die Gründung der *Europäischen Gemeinschaft*

für Kohle und Stahl vom 18. April 1951[35] ist in dieser Hinsicht deutlicher. Dort heißt es, daß die beteiligten Unterzeichneten diese Gemeinschaft in der Entschlossenheit gegründet haben, „an die Stelle der jahrhundertealten Rivalitäten einen Zusammenschluß ihrer wesentlichen Interessen zu setzen, durch die Errichtung einer wirtschaftlichen Gemeinschaft *den ersten Grundstein für eine weitere und vertiefte Gemeinschaft unter Völkern zu legen*, die lange Zeit durch blutige Auseinandersetzungen entzweit waren, und die institutionellen Grundlagen zu schaffen, die einem nunmehr allen gemeinsamen Schicksal die Richtung weisen können."

60. In der Präambel zum Vertrag über die Gründung der *Europäischen Wirtschaftsgemeinschaft* vom 25. März 1957[36] schließlich bekunden die Staatschefs ihren „festen Willen, die Grundlagen für *einen immer engeren Zusammenschluß* der europäischen Völker zu schaffen".*

61. Aus diesen Texten wird zumindest dreierlei ersichtlich: *erstens* waren die Verträge zur Gründung dieser Institutionen immer nur als Schritte oder Marksteine zu weiterer, vertiefter und engerer Zusammenarbeit gedacht, *zweitens* waren sie ohne Bekenntnis zum politischen Zusammenschluß – in welcher Form auch immer – nicht denkbar, *drittens* folgte daraus, daß die europäische Einigung sich keineswegs auf die wirtschaftliche Integration beschränken sollte. Und gerade weil die politische Einigung bis heute auf sich warten ließ, wurde der Europarat immer unbedeutender und der wirtschaftliche Zweckcharakter der Gemeinschaften trat immer stärker hervor bis schließlich der zeitweilige Erfolg der wirtschaftlichen Zusammenarbeit selbst in Frage gestellt wurde. Daraus wiederum ist zu folgern, daß die wirtschaftliche Integration, wenn sie von Dauer sein soll, zum einen der Ergänzung im politischen Bereich bedarf, zum anderen sich auf die Gesamtheit der wirtschaftlichen und sozialen Beziehungen erstrecken muß. Die Überlegung von Robert Mangin hat ihre Gültigkeit auch 45 Jahre später noch nicht verloren und Tindemans hat sie in seinem Bericht mit der weiter vorn bereits zitierten Bemerkung über die Gemeinschaft als *unausgewogenes und unvollendetes Bauwerk*[37] nachvollzogen.

62. Nun geben Einsichten dieser Art, selbst wenn sie von allen Betroffenen geteilt werden, noch längst keine Antwort auf die Frage, wie solchen Mängeln abgeholfen werden kann. Der von Tindemans genannte Grund, daß „unsere Staaten zu schwach waren, um neue Anstrengungen zu unternehmen" befriedigt kaum. Die Analyse der Ursachen für das Nichtzustandekommen der politischen Einigung und für den Zerfall des bisher auf wirtschaftlichem Gebiet erreichten Integrations-

* Der Vertrag über die Gründung der Europäischen Atomgemeinschaft (EURATOM) kann hier außer Betracht bleiben, da sie als Sondergemeinschaft zu verstehen war, die inzwischen in der Gemeinschaft faktisch aufgegangen ist. Dagegen enthalten die Verträge über die Fusion der bestehenden Gemeinschaften vom 8. April 1965 und über die Erweiterung der Gemeinschaft vom 22. Januar 1972 ähnlich vage Hinweise auf den „immer engeren Zusammenschluß Europas".

standes muß weiter getrieben werden. Dazu bedarf es eines Rückblicks auf die bisherigen einigungspolitischen Konzeptionen einerseits und die tatsächliche Entwicklung, auf Erfolge und Mißerfolge der europäischen Integration andererseits.

Föderalisten, Konföderalisten, Unionisten

63. Allen europäischen Einigungskonzepten lag und liegt die Erkenntnis zugrunde, daß in einem vereinten Europa Elemente höchst unterschiedlicher Gesellschaftsordnungen einzubringen seien und die einzelnen Regionen – zumindest im Anfang – höchst unterschiedliche Wirtschaftskräfte und Wirtschaftsstrukturen aufweisen würden. Damit setzt sich der in den Plänen von Briand und Mangin bereits angelegte Streit darüber fort, ob die Schaffung der *Vereinigten Staaten von Europa* am Anfang des Einigungsprozesses stehen müsse oder diesen erst in der Schlußphase gewissermaßen *krönen* werde. Innerhalb beider Positionen wurde überdies hart und polemisch über die Frage gestritten, ob die Institutionen des vereinten Europas *föderalistischen* oder *konföderalistischen* Charakter haben müßten, also im Aufbau der bundesstaatlichen Verfassung der Vereinigten Staaten von Amerika (oder auch der Bundesrepublik Deutschland oder der Schweiz) gleichen oder einen lockereren staatenbundlichen Charakter haben sollten. Die Föderalisten, die sich in dieser weitgehend theoretischen Debatte durchsetzten, beriefen sich unter anderem auf die amerikanischen Föderalisten zur Zeit der Gründung der Vereinigten Staaten von Amerika: Hamilton, Jay und Madison.[38] Sie konnten zugunsten ihrer Position geltend machen, daß alle staatenbundlichen Zusammenschlüsse in der Geschichte entweder nicht von langer Dauer waren oder schließlich doch in bundesstaatlichen oder gar zentralstaatlichen Formen endeten. Die Schwäche ihrer Position lag darin, daß im Grunde keine Vergleichbarkeiten gegeben waren. Die Ausgangsposition der dreizehn amerikanischen Kolonien Ende des 18. Jahrhunderts war mit dem Entwicklungsstand der westeuropäischen Staaten nach dem zweiten Weltkrieg ebenso unvergleichbar wie mit der Lage der eidgenössischen Kantone in der ersten Hälfte des 19. Jahrhunderts.

64. Eine Reihe von überzeugten Befürwortern engerer europäischer Zusammenarbeit befürchteten, daß zu starke Institutionen zentralistischen Tendenzen Vorschub leisten und damit die traditionelle europäische Vielfalt zerstören könnten. Auf Kongressen wurden jahrelang Verfassungsentwürfe diskutiert, das *Europäische Volk* wurde in Unterschriftenaktionen aufgerufen, sich selbst eine *Verfassungsgebende Versammlung* zu geben. Zur gleichen Zeit wurde die tatsächliche Entwicklung von Kräften gesteuert, die für derart theoretische Debatten keine Zeit hatten, weil sie sich mit elementaren Fragen des Wiederaufbaus der kriegszerstörten europäischen Länder zu befassen hatten. Das Auseinanderklaffen von Wunsch und Wirklichkeit hinsichtlich der Möglichkeiten europäischer Einigung war auf diese Weise schon damals vorgezeichnet: Theorie und Praxis liefen nebeneinander her; die seltenen Gelegenheiten, bei denen sie sich begegneten, gehörten dann auch immer zu den Höhepunkten europäischer Politik der Nachkriegsjahre: Gründung des Europarates, Gründung der Europäischen Gemeinschaften.

65. In den späten vierziger und während der fünfziger Jahre entstanden eine Fülle von Verfassungsentwürfen oder zumindest programmatischen Erklärungen zur Schaffung der *Vereinigten Staaten von Europa* oder des *Europäischen Staatenbundes*. Die drei großen Parteigruppierungen – Christliche Demokraten, Sozialdemokraten/Sozialisten, Liberale[39] – beteiligten sich mit solchen Entwürfen ebenso wie Graf Coudenhove-Kalergi, der 1947 eine *Europäische Parlamentarier-Union* gegründet hatte.[40] Auch General de Gaulle ist mit einem *Konföderationsplan* aus dem Jahre 1951 in dieser Liste vertreten,[41] ebenso wie der britische *Labour*-Abgeordnete *Ronald Mackay*, der im Gegensatz zum damaligen britischen Außenminister *Anthony Eden* die Entwicklung des Europarates zu einer Föderation mit einer einzigen europäischen Staatsbürgerschaft forderte.[42] Alle diese Entwürfe und Programme zeichneten sich fast ausnahmslos dadurch aus, daß sie Verfassungsorgane beschrieben, aber die inhaltliche Bestimmung der künftigen Politik der Föderation, Union oder Konföderation eben diesen Organen überließen. Nur gelegentlich flossen auch inhaltliche Grundsätze ein, so bei den Föderalisten, die zunächst hofften, die föderalistisch-sozialistischen Ideen *Proudhons* mit marxistischen Vorstellungen, sozialdemokratischer Reformpolitik im Zeichen humanistischer Gemeinsamkeit und freiheitlicher demokratischer Ordnung miteinander in Einklang bringen zu können[43] und daraus die Doktrin des *integralen Föderalismus* in die europäischen Einigungskonzepte einbrachten.* In den sozialistischen Entwürfen wurden Überlegungen zur Planung und Lenkung der Wirtschaft eingebracht.[44] Doch waren das Ausnahmen, auf deren Erörterung um so lieber verzichtet wurde, je schneller sich herausstellte, daß gerade auf diesem Gebiet die wichtigsten europäischen Regierungen sehr harthörig waren.

* *Pierre Joseph Proudhon*, französischer Sozialist und Begründer der anarchistischen Schule (1809–1865), gilt neben *Charles Montesquieu (1689–1755) als der Schöpfer des integralen Föderalismus*, eine politische Doktrin, die den organischen Zusammenschluß in sich autonomer Einheiten als Ideal staatlicher Ordnung ansieht. Während der Französischen Revolution machten sich die gemäßigten Girondisten dieses Konzept zu eigen und unterstützten 1793 die Revolte gegen die zentralistische Republik, die von den radikalen jakobinischen Montagnards blutig niedergeschlagen wurde. Als *Integralismus* wurde der *integrale Föderalismus* zur politischen Doktrin der Katholischen Kirche mit ausgeprägter ständestaatlicher und korporativer Tendenz, die auch faschistischen Staatsordnungen zu eigen ist. Vgl. *Konstantin Frantz* „Der Föderalismus als das leitende Prinzip für die soziale, staatliche und internationale Organisation" 1879, Neuauflage 1962. In der modernen katholischen Soziallehre taucht dieses Prinzip als *Subsidiaritätsprinzip* auf, demzufolge jede höhere Einheit nur solche Zuständigkeiten an sich ziehen darf, die auf der nächst tieferen Ebene nicht ausgeübt werden können. Die Aufgabe des Staates ist es, dafür zu sorgen, daß die Primäreinheiten – Individuen, Stände, Gemeinden, Verbände – funktionsfähig bleiben. Am eindeutigsten dargelegt im päpstlichen Rundschreiben (Enzyklika) *Quadragesimo anno 1931*. Vgl. Texte zur katholischen Soziallehre, mit einer Einführung von *Oswald von Nell-Breuning* SJ, Katholische Arbeitnehmer-Bewegung (KAB), Köln 1975, Seite 120 ff.

66. Das historisch wichtigste und interessanteste Dokument aus der Reihe der frühen europäischen Konzepte, auch wenn es verfassungstheoretisch äußerst unverbindlich bleibt, ist ohne jeden Zweifel das *Hertensteiner Programm** vom 21. September 1946, an dessen Zustandekommen maßgeblich Vertreter des französischen, italienischen und niederländischen Widerstandes sowie schweizerische Föderalisten beteiligt waren.[45] Die wichtigsten Artikel dieses Dokuments lauten:

1. *Eine auf föderativer Grundlage errichtete europäische Gemeinschaft ist ein notwendiger und wesentlicher Bestandteil jeder wirklichen Weltunion.*
2. *Entsprechend den föderalistischen Grundsätzen, die den demokratischen Aufbau von unten nach oben verlangen, soll die europäische Völkergemeinschaft die Streitigkeiten, die zwischen ihren Mitgliedern entstehen könnten, selbst schlichten.*
3. *Die Europäische Union fügt sich in die Organisation der Vereinten Nationen ein und bildet eine regionale Körperschaft im Sinne des Artikels 52 der Charta.*
4. *Die Mitglieder der Europäischen Union übertragen einen Teil ihrer wirtschaftlichen, politischen und militärischen Souveränitätsrechte an die von ihnen gebildete Föderation.*
5. *Die Europäische Union steht allen Völkern europäischer Wesensart, die ihre Grundsätze anerkennen, zum Beitritt offen.*

67. Auf Grundlage dieses Programms entstand die *Union Europäischer Föderalisten* (UEF), die im April 1947 ihren ersten Kongreß in Amsterdam abhielt. Wichtigster Kernpunkt der Forderungen der Föderalisten war die Übertragung echter Befugnisse auf die Organe der europäischen Föderation nach dem Prinzip: Beim Bund so viel wie *nötig*, bei den Mitgliedern so viel wie *möglich*. Dazu wurden in den Folgejahren verschiedene Verfassungsentwürfe ausgearbeitet. Die Grundsätze lassen sich am besten dem *18-Punkte-Programm* der deutschen *Europa-Union* vom Februar 1947[46] und dem *Verfassungsentwurf der UEF* vom 11. November 1948[47] entnehmen. Danach soll die europäische Föderation allen europäischen Völkern offenstehen. Die Verfassung muß freiheitlich und demokratisch sein. Die Dreiteilung der Gewalten wird als unerläßlich betrachtet. Das Parlament soll aus zwei Kammern bestehen. Die Regierung soll als Kollegialorgan nach schweizerischem Vorbild tätig werden. Außen-, Finanz- und Militärpolitik ist Angelegenheit des Bundes.

68. Ein wichtiger Nebenaspekt der Arbeit der UEF war die Tatsache, daß diese Vereinigung als erste internationale Organisation deutsche Vertreter gleichberechtigt aufnahm. In einem Brief des schweizerischen Vizepräsidenten *von Schenck* an die deutsche Europa-Union vom Frühjahr 1947 heißt es, daß die soeben gegründete UEF es abgelehnt habe, „inhaltlich bestimmte Vorschläge zur Lösung des Deutschlandproblems zu machen, so lange unsere deutschen Gesinnungsgenossen nicht bei den Beratungen anwesend sein können ... Damit ist erstmals seit 1945 von einer internationalen Bewegung die grundsätzliche Gleichberechtigung der entsprechenden deutschen Gruppen anerkannt und, mehr als dies, die Forderung an die Siegernationen gestellt, daß die Deutschlandfrage entschei-

* genannt nach einem kleinen Städtchen am Vierwaldstätter See.

dend mit den Deutschen zusammen als Subjekte ihres Schicksals gelöst werden müsse."[48]

69. Als im Jahre 1948 der zweite Kongreß der UEF in Prag zusammentreten sollte, war bereits klar, daß das ursprüngliche Konzept der Zusammenarbeit mit den unter sowjetischer Kontrolle stehenden osteuropäischen Staaten gescheitert war. Der kommunistische Staatsstreich in der Tschechoslowakei beendete diese Phase gesamteuropäischer Einigungsbemühungen.

70. Ebenfalls 1948 zeichnete sich ab, daß auch für die westeuropäischen Staaten die politische Einigung im direkten Anlauf nicht möglich war. Die Absicht, durch eine politische Rahmeneinigung einen Automatismus einzuleiten, der zur Angleichung der Volkswirtschaften führen würde, mußte aufgegeben werden, auch wenn die radikalen Föderalisten in der UEF diese Illusion noch über ein weiteres Jahrzehnt lang verfolgten. Sie hielten die sich inzwischen anbahnende Umkehrung – erst wirtschaftliche Integration, dann politische Einigung – für einen Fehlansatz.

Churchills Union oder das große Mißverständnis

71. In diesem Zusammenhang darf das große Mißverständnis nicht übersehen werden, zu dem *Winston Churchill* Anlaß gab. Am selben Tag, an dem in Hertenstein die Föderalisten ihr Programm ausarbeiteten, hielt Churchill in Zürich (19. September 1946) seine historische Rede, in der er zur Schaffung der „Vereinigten Staaten von Europa" aufrief.[49] Er fügte hinzu, daß der „Neugründung der europäischen Familie eine Partnerschaft zwischen Frankreich und Deutschland" vorausgehen müsse. Er fügte freilich auch den Satz hinzu, der lange Zeit übersehen wurde, daß nämlich „Großbritannien, das Britische Commonwealth of Nations, das mächtige Amerika und – ich hoffe – Sowjetrußland Freunde und Förderer des neuen Europa" sein müßten. Dieser Satz bedeutete nicht mehr und nicht weniger, als daß Großbritannien zwar einen engen Zusammenschluß Europas fördern, vorerst aber nicht daran teilhaben wollte.

72. Mit der Rede dieses wohl populärsten Staatsmannes der Kriegs- und ersten Nachkriegszeit schien der Bann gebrochen und die Möglichkeit der Verwirklichung der europäischen Einigung in ganz unmittelbare Nähe gerückt. Niemand analysierte die Rede auf ihren tatsächlichen Gehalt hin, nämlich die Weigerung, England selbst an dem Einigungsprozeß zu beteiligen, und die Unverbindlichkeit des Begriffes *Vereinigte Staaten von Europa**, denn an anderer Stelle in dieser Rede spricht Churchill von einer „regionalen Struktur, die vielleicht die Vereinigten Staaten von Europa heißen wird. Der erste Schritt ist die Bildung eines Europarates."

73. Die Weigerung Großbritanniens, sich vorerst an einem engeren europäischen Zusammenschluß zu beteiligen, dürfte in der Tat die weitere Entwicklung ent-

* *Jean Monnet*, der erste Präsident der Hohen Behörde der Montanunion, übernahm 1955 diesen Begriff für sein *Aktionskomitee für die Vereinigten Staaten von Europa*, über das er vor allem die politischen Parteien und die Gewerkschaften für die Fortführung der wirtschaftlichen und politischen Integration gewinnen wollte.

scheidend beeinflußt haben. Nachdem die Einbeziehung der osteuropäischen Länder unmöglich geworden war, verlief von nun an die Einigungspolitik in Westeuropa zweigleisig. Sie spaltete sich in die Verfechter einer *großeuropäischen* Lösung unter britischer Führung und einer *kleineuropäischen* Lösung unter französischer Führung. Die historische Rivalität zwischen England und Frankreich hatte auch den zweiten Weltkrieg überdauert. Was Churchill wirklich meinte und dachte, wurde vom damaligen britischen Außenminister Anthony Eden in einer Rede am 11. Januar 1952 in Amerika verdeutlicht: „Ich spreche von den wiederholten Anregungen, das Vereinigte Königreich solle einer Föderation Kontinentaleuropas beitreten. Wir fühlen bis in das Mark unserer Knochen, daß das eine Sache ist, die wir nicht machen können."[50] Fünfundzwanzig Jahre später, am 30. September 1977, schrieb Premierminister James Callaghan in seinem Brief an die *Labour Party*: „Die Regierung hat niemals akzeptiert, daß sich die Gemeinschaft zu einer Föderation entwickeln solle."[51] Man kann darüber streiten, ob und wie die europäische Politik anders verlaufen wäre, wenn England nicht abseits gestanden wäre, man kann aber der britischen Politik gegenüber Europa sicherlich nicht Konsequenz und Geradlinigkeit absprechen.

74. Die Europäer der ersten Nachkriegsjahre setzten dennoch ihre Hoffnung weiter auf Churchills Autorität und Redekunst, den die Föderalisten dazu gewinnen konnten, für den 7. bis 10. Mai 1948 zu einem großen *Europa-Kongreß* nach *Den Haag* einzuladen, wo unter den 800 Delegierten auch *Konrad Adenauer*, *Walter Hallstein* und *Heinrich von Brentano* zu sehen waren. Da kurz zuvor am 16. April in Paris die Konvention über die *Organisation der europäischen wirtschaftlichen Zusammenarbeit (OEEC – Organization for European Economic Co-operation)* unterzeichnet worden war,[52] die eine Voraussetzung für den Start der Marshallplan-Hilfe bildete, herrschte im altehrwürdigen Haager Rittersaal Hochstimmung. In einer Erklärung des Kongresses, der unter anderem auch zur Gründung einer Dachorganisation der europäischen Verbände, der *Europäischen Bewegung* unter der Präsidentschaft von Churchill führte, heißt es, „daß für die Völker Europas die Stunde gekommen ist, bestimmte Souveränitätsrechte zu übertragen, um sie künftig zwecks Koordinierung und Entwicklung ihrer Hilfsquellen gemeinsam auszuüben".[53]

75. Über das Wie kam es indessen zu keiner Einigung. Der Präsident der Föderalisten, der Niederländer *Hendrik Brugmans*, wies auf den Widerspruch hin, der darin liege, auf der einen Seite die Übertragung von Souveränitätsrechten zu fordern und auf der anderen Seite für Formen der Zusammenarbeit einzutreten, die den Staaten doch wieder alle Souveränitätsrechte belassen. Der Widerspruch wurde nur mühsam dadurch überdeckt, daß man nach langen Debatten in die Erklärung den Ausdruck *Union oder Föderation* aufnahm, in den jeder seine eigene Auffassung hineininterpretieren konnte.* Der Gegensatz Föderalisten – Unionisten verschärfte sich, aber das große Mißverständnis, das Churchill mit seiner Züricher Rede beschworen hatte, dauerte vorerst noch an.

* Im Artikel 7, der sich mit der deutschen Frage befaßt, wurde interessanterweise der Begriff *Föderation* beibehalten. Logischerweise hätte es auch hier *Union oder Föderation* heißen müssen. Irrtum oder Absicht . . .? (Vgl. Vorwort von Brugmans Seite 6.)

76. Auch der Haager Kongreß mußte, wie schon zuvor die Union Europäischer Föderalisten, die Hoffnungen auf die Einbeziehung osteuropäischer Staaten in die geplante europäische Zusammenarbeit begraben. Unter dem Eindruck des kommunistischen Staatsstreichs in Prag wurde die Notwendigkeit anerkannt, mit der Einigungspolitik dort zu beginnen, wo die rechtsstaatlichen Voraussetzungen gegeben sind. Eine *Charta der Menschenrechte* und die Errichtung eines Gerichtshofes, der dieser Charta Achtung verschafft, gehörten zu den Forderungen des Kongresses. Der europäische Einigungsprozeß blieb von nun an auf das nichtkommunistische Westeuropa beschränkt.

4. Kapitel

Europa zwischen Paris und London

Der Europarat: Zusammenarbeit ohne Souveränitätsverzicht

77. Allen Mißverständnissen und vagen Formulierungen zum Trotz kennzeichnete das Jahr 1948 den Beginn der fruchtbarsten Phase europäischer Einigungspolitik, die mit den Römischen Verträgen im Jahre 1957 Höhepunkt und Abschluß zugleich fand. Diese Phase dürfte deshalb reich an Hinweisen auf positive und negative Aspekte einer auf politische Einigung zielenden europäischen Zusammenarbeit sein.

78. Die in den europäischen Verbänden aktiven Europäer können für sich in Anspruch nehmen, zumindest den ersten Verlauf dieser Phase maßgeblich beeinflußt zu haben. Der Haager Kongreß hatte in der Tat die Wirkung eines auslösenden Signals, das allerdings in enger Wechselbeziehung zu der vom Marshallplan ausgegangenen wirtschaftlichen Initialzündung stand. Bemerkenswert ist vor allem das enge Zusammenwirken von Vertretern privater Organisationen mit wichtigen Entscheidungsträgern der nationalen Regierungen, die ihrerseits nicht zögerten, an Sitzungen der privaten Verbände teilzunehmen. Das galt in erster Linie für *Paul Ramadier*, 1947 französischer Ministerpräsident und in den entscheidenden Jahren Mitglied fast aller französischen Kabinette, *Paul-Henri Spaak*, in diesen Jahren belgischer Ministerpräsident, und *Paul van Zeeland*, belgischer Außenminister von 1949-1954. Italiens Ministerpräsident *Alcide de Gasperi* ließ sich vom Generaldelegierten der Europäischen Föderalisten, *Altiero Spinelli*, beraten, Frankreichs Außenminister, *Robert Schuman*, die zentrale und entscheidende Figur dieser Jahre, und sein wichtigster Berater, *Jean Monnet*, hatten nahezu permanent Kontakt mit den Föderalisten. *Konrad Adenauer*, noch in Ermangelung eines auswärtigen Apparates, übertrug dem *Deutschen Rat der Europäischen Bewegung* wichtige Aufgaben bei der Vorbereitung der anstehenden europäischen Verhandlungen. Paul-Henri Spaak übernahm es, Formulierungsvorschläge der europäischen Verbände, insbesondere der Föderalisten, direkt in Regierungsverhandlungen einzubringen. Alle nur denkbaren Weichen waren im Grunde auf Erfolg gestellt. Deshalb liegt die Vermutung nahe, auf die bereits an anderer Stelle in diesem Band hingewiesen wurde, daß der Einfluß und die Möglichkeiten einzelner Persönlichkeiten, auch wenn es sich um Regierungschefs oder Außenminister handelt, überschätzt und das Wirken gegebener Strukturen unterschätzt wurden. Das Phänomen der Eigengesetzlichkeiten von administrativen Apparaten und gesellschaftlichen Strukturen war zu dieser Zeit noch nicht ausreichend erfaßt. Das Beharrungsvermögen der Nationalstaaten wurde falsch eingeschätzt.

79. Aus der Situation des Jahres 1948 jedoch sah das noch ganz anders aus. Man sah zwar die Schwierigkeiten und hatte kaum Vorstellungen über die praktisch zu bewältigenden Aufgaben, glaubte aber, daß der Schrecken des Krieges, der noch allen bewußt war, die Notwendigkeit, die zerstörten Städte wieder aufzubauen und Deutschland wieder einen Platz in der Völkergemeinschaft zu verschaffen, genügend Motivationen liefern könnten, um mit allen Schwierigkeiten fertig zu werden. Vor allem war man überzeugt, daß diese allen Europäern gemeinsamen Aufgaben auch gemeinsam gelöst werden müßten und daß dies ohne gemeinsame Institutionen einfach nicht zu schaffen sei. Wo die politische Einsicht nicht reichte, würden unabweisbare Notwendigkeiten und der Druck der Ereignisse die Regierungen schon zum Handeln zwingen. Unter diesen Umständen gaben zwar die Föderalisten ihre Maximalforderungen in Den Haag nicht auf, hatten aber keine Hemmungen, sich auf den Weg der Pragmatiker zu begeben in der festen Überzeugung, daß ihnen der Gang der Dinge recht geben würde.

80. Die Erwartungen richteten sich deshalb auf kleine politische Schritte. Churchills *Vereinigte Staaten von Europa* artikulierten sich am 5. Mai 1949 in der Gründung des *Europarates* in Straßburg, ein primär koordinierendes Organ mit einer *Beratenden Versammlung*. Die entscheidende Hoffnung gründete sich auf die Sätze in der bereits erwähnten Präambel der Satzung des Europarates, wo es heißt, daß „zum Schutze und zur fortschreitenden Verwirklichung dieses Ideals* und zur Förderung des sozialen und wirtschaftlichen Fortschritts zwischen den europäischen Ländern, die von demselben Geiste beseelt sind, eine *engere Verbindung* hergestellt werden muß" und daß, „um diesem Bedürfnis und den offenkundigen Bestrebungen ihrer Völker Rechnung zu tragen, schon jetzt eine Organisation errichtet werden muß, in der die europäischen Staaten *enger zusammengeschlossen* werden . . ."[54]

81. Die Wahl der Begriffe *engere* und *enger* schien zu bedeuten, daß aus dem Europarat selbst die spätere Föderation hervorgehen könnte. In der Praxis zeigte sich jedoch, daß diese Interpretation wiederum Illusion war. Sie bedeutete innerhalb des Europarates bestenfalls die maximale Ausnutzung der Möglichkeit, Konventionen in allen gesellschaftlichen Bereichen abzuschließen, die keine bundesstaatliche Struktur begründen, sondern der Ratifizierung durch die Einzelstaaten unterliegende völkerrechtliche Abkommen sind. Diese Beschränkung (von den Briten stets offen als absolute Vorbedingung ihrer Mitgliedschaft erklärt) hinderte die Föderalisten nicht daran, bis Anfang der fünfziger Jahre in einer Kampagne *Rat der Völker Europas*** und *Kampf für den europäischen Bundespakt*[55] zu versuchen, den europäischen Bundesstaat im Europarat bzw. aus dem Europarat heraus zu verwirklichen. Immerhin fand diese Erwartung Bestätigung in einer Entschließung der Beratenden Versammlung anläßlich ihrer ersten Sitzung im August/Sep-

* nämlich *Festigung und Frieden* und *Erhaltung der Gesellschaft*, wie in den vorangehenden Sätzen der Präambel ausgeführt.

** Die französische Bezeichnung der Kampagne *Conseil de Vigilance* bringt die Zielrichtung dieser Aktion sehr viel besser zum Ausdruck. Es ging darum *aufzupassen*, daß der Europarat möglichst bald Maßnahmen zur Verwirklichung der europäischen Föderation ergriff.

tember 1949, in der es hieß, daß „Zweck und Ziel des Europarates (sei), die Schaffung einer Europäischen Politischen Autorität mit begrenzten Funktionen, aber echten Vollmachten."[56] Dieser Begriff wurde zum Schlüssel aller weiteren Integrationsbemühungen: auf klar abgegrenzten Gebieten echte Befugnisse übertragen, weil nur so politische Handlungsfähigkeit nach innen und außen gewährleistet werden kann. Es war übrigens der schon an anderer Stelle erwähnte britische *Labour*-Abgeordnete Mackay, der in einem eigenen Plan die Umwandlung des Europarates in eine *Europäische politische Autorität** mit einer *gesetzgebenden Versammlung* vorschlug.[57] In diesem neuen Europarat sollte dann der bereits bestehende *Europäische Wirtschaftsrat* aufgehen. Englands Außenminister Anthony Eden setzte solchen und noch einer Reihe ähnlicher Pläne mit einem eigenen Vorschlag im März 1952 endgültig einen Riegel vor, in dem er nicht nur jedem Gedanken an eine europäische Föderation eine Absage erteilte (vgl. Anmerkung 51), sondern zugleich versuchte, die sich zu dieser Zeit bereits abzeichnenden Pläne zur Gründung der Sechsergemeinschaft zu torpedieren.[58]

82. An dieser Stelle ist freilich zu betonen, daß der Europarat trotz oder gerade wegen dieser Beschränkungen (weil keine Souveränitätsverzichte gefordert wurden, waren die Regierungen um so kooperationswilliger!) die Grundlagen für Freizügigkeit und Rechtsangleichung in Westeuropa legte, die in der Geschichte seit dem Einfluß des Code Napoleon und dem Wiener Kongreß ohne Beispiel sind. Insbesondere wurde die Haager Forderung nach einer Erklärung der Menschenrechte und den entsprechenden rechtlichen Instrumenten (Menschenrechtskonvention und Europäischer Gerichtshof für die Menschenrechte mit der Möglichkeit der Individualklage, sofern ein Staat das entsprechende Zusatzprotokoll unterzeichnet hat) verwirklicht.[59] Dank dieser Konvention hat der Europarat sich in Sachen Menschenrechte (Osteuropa, Spanien, Portugal und während des griechischen Juntaregimes) eindeutiger als alle anderen internationalen Organisationen verhalten.[60]

83. Der Europarat begründete keine Souveränitätsverzichte der Mitgliedstaaten. Er schuf auch keine besonderen Instrumente (von den Konventionen abgesehen) für wirtschaftliche Zusammenarbeit. Diese ergaben sich unter dem Zwang der Verteilung der Marshallplan-Hilfe. Ursprünglich hatten Präsident Truman und General Marshall den Ansatz zu einer europäischen Föderation als Voraussetzung ihres Hilfs- und Wiederaufbauprogramms angesehen. Dies scheiterte am Einspruch Frankreichs und Großbritanniens. Andererseits war ein Minimum an gemeinsamer Organisation notwendig. So kam es zur Bildung des *Europäischen Wirtschaftsrates* mit Sitz in Paris (vgl. Anm. 52) und der *Europäischen Zahlungsunion* mit Sitz in Basel. In Hinblick auf die politische Einigung und auf föderale Elemente brachten diese Organisationen keinen Fortschritt. Dennoch ist ohne diese beiden Einrichtungen der europäische Wiederaufbau in Europa nicht denk-

* Im deutschen Sprachgebrauch hat sich inzwischen der Begriff *Behörde* durchgesetzt, wenn damit die Institution gemeint ist, im Unterschied zur *Autorität*, die dank einer solchen Behörde als politische Wirkung erwartet wird. In diesem Sinne spricht Tindemans in seinem Bericht von der „neuen Autorität", die den „verminderten Einfluß der nationalen Strukturen ausgleichen" soll.

bar. Ihnen ist die weitgehende Liberalisierung des Handels (vor allem Abbau von Kontingenten) und die Austauschbarkeit der Währungen (Konvertibilität) zu verdanken, die heute noch von vielen Experten als die wirklich entscheidenden Grundlagen der westlichen Wirtschaftsexpansion angesehen werden.

84. Mit dem Europäischen Wirtschaftsrat, der später in eine weltweite Organisation der Zusammenarbeit marktorientierter Industriestaaten unter Einschluß der USA, Kanadas und Japans umgewandelt wurde, war ein erster Hinweis auf die Umkehrung des Prinzips *erst politische, dann wirtschaftliche Einigung* in das Prinzip *erst wirtschaftliche, dann politische Einigung* gegeben.

Hoffnung auf Automatismus: Teilintegration

85. Der entscheidende Anstoß zu dieser Umkehrung ist dem damaligen französischen Außenminister Robert Schuman und seinem Chefberater Jean Monnet zu verdanken. Am 9. Mai 1950 schlug Schuman die Bildung der *Europäischen Gemeinschaft für Kohle und Stahl* (EGKS – Montanunion) vor. Allerdings war für die Gründung der Montanunion nicht primär der Wunsch ausschlaggebend, mit der wirtschaftlichen Zusammenarbeit zu beginnen, sondern die Notwendigkeit, die *deutsche Frage* zumindest teilweise zu lösen.

86. Wiederaufbau und Stabilisierung der Verhältnisse in Westeuropa waren ohne eine deutsch-französische Verständigung nicht denkbar. Hinzu kam die amerikanische Ernüchterung hinsichtlich des Verhaltens der Sowjetunion. Das Angebot der amerikanischen Wiederaufbauhilfe hatte sich auch an die osteuropäischen Staaten und die unter sowjetischer Militärverwaltung stehende deutsche Besatzungszone gerichtet. Einzig die tschechoslowakische Regierung wollte das Angebot annehmen, mußte es aber unter sowjetischem Druck zurückweisen. Mit dem Koreakrieg trat der sogenannte *Kalte Krieg* in eine Phase, die eine wirksame Verteidigung Westeuropas ratsam erscheinen ließ. Die Drosselung des westdeutschen Industriepotentials durch die Ruhrbehörden und die Demontage industrieller Einrichtungen in den westlichen Besatzungszonen standen zu dieser Notwendigkeit in krassem Gegensatz. Andererseits lebte Frankreich noch und verständlicherweise in der Furcht vor einem deutschen (sei es auch nur westdeutschen) Wiedererstarken. Daraus zog Schuman den einfachen und doch genialen Schluß, daß man die deutsche Industrie nur kontrollieren könne, wenn auch Frankreichs Industrie sich einer gemeinsamen Kontrolle unterwerfe.

87. Das erste Angebot zur Gründung der Montanunion richtete sich noch nicht präzise an die späteren sechs Mitgliedstaaten. Die Mitgliedschaft Großbritanniens und Italiens schien wünschenswert, war aber nicht Voraussetzung. Großbritannien entzog sich diesem Angebot im Sinne der schon von Churchill zum Ausdruck gebrachten Vorbehalte. Andererseits aber hatte Churchill in seiner Züricher Rede der deutsch-französischen Aussöhnung eine allererste Priorität eingeräumt. Es

war deshalb logisch, daß die britische Regierung die Gründung der EGKS gerade mit Blick auf das deutsch-französische Verhältnis begrüßte.*

88. Die Montanunion wurde dadurch in dreifacher Hinsicht bedeutsam:

- Sie legte den Grundstein für die deutsch-französische Zusammenarbeit, die später in der Eingliederung des Saarlandes in die Bundesrepublik und dem mit Präsident de Gaulle abgeschlossenen Freundschaftsvertrag vom Januar 1963 Niederschlag fand;
- Sie legte ebenso den Grundstein für die spätere Mitgliedschaft der Bundesrepublik in der NATO und die Wiederaufrüstung (Pariser Verträge 1954) Westdeutschlands, wobei mit dieser Entwicklung eine Verstärkung des politischen Spannungsmoments im Ost-West-Verhältnis bewußt in Kauf genommen wurde;
- Sie legte vor allem den Grundstein für eine neue Form internationaler Zusammenarbeit in Europa, indem sie föderale Elemente von Regierung, Gesetzgebung und Rechtsprechung enthielt, die bislang das Privileg des Nationalstaates waren.

89. Mit der Montanunion war ein neues Prinzip eingeführt: *Teilintegration.* Was bis dahin sowohl von Experten wie auch von den europäischen Föderalisten für (technisch) undurchführbar gehalten wurde, bewährte sich, nämlich die Bildung eines gemeinsamen Wirtschaftsgebietes im Sinne einer Zollunion mit gemeinsamen Organen (die nicht der Kontrolle der nationalen Regierungen unterstanden) auf einem Teilgebiet der Wirtschaft: der Kohle-, Eisen- und Stahlindustrie.

90. Die entscheidenden Passagen im Vertrag über die Gründung der EGKS vom 18. April 1951 lauten:[61]

> „in der Erwägung, daß der Weltfriede nur durch schöpferische, den *drohenden* Gefahren angemessene Anstrengungen gesichert werden kann ...
> in dem Bewußtsein, daß Europa nur durch konkrete Leistungen, die *zunächst* eine tatsächliche Verbundenheit schaffen, und durch die *Errichtung gemeinsamer Grundlagen für die wirtschaftliche Entwicklung* aufgebaut werden kann ...
> entschlossen, an die Stelle der jahrhundertealten Rivalitäten einen Zusammenschluß ihrer wesentlichen Interessen zu setzen, durch die *Errichtung einer wirtschaftlichen Gemeinschaft* den ersten *Grundstein für eine weitere und vertiefte Gemeinschaft* unter Völkern zu legen, die lange Zeit durch blutige Auseinandersetzungen entzweit waren, und die institutionellen Grundlagen zu schaffen, die einem nunmehr allen gemeinsamen Schicksal die Richtung weisen können ..."

91. Darauf gründete sich in den Folgejahren die neue doppelte Erwartung, daß diese Teilintegration
erstens unvermeidlich und automatisch die Integration der Gesamtwirtschaft, und
zweitens nicht minder unvermeidlich die politische Einigung
nach sich ziehen werde. Die erste Erwartung hat sich zunächst und teilweise erfüllt, die zweite erwies sich erneut als eine Illusion.

* Durch einen Kooperationsvertrag mit der EGKS partizipierte auch Großbritannien bedingt an den Vorteilen der Gemeinschaft.

Ein neuer politischer Ansatz: die Verteidigungsgemeinschaft

92. Wie gesagt, war der entscheidende Anlaß für die Gründung der Montanunion die Notwendigkeit, das westdeutsche Industriepotential von allen Nachkriegsbeschränkungen zu befreien und für die gemeinsame Verteidigung Westeuropas gegen den national und ideologisch begründeten und durch militärische Aufrüstung erkennbaren Hegemonieanspruch der Sowjetunion zu nutzen.*

93. Die Montanunion hatte dafür nur eine Voraussetzung geschaffen, nämlich die Kontrolle der Schwerindustrie, diese allerdings in einer für alle Beteiligten vorbildlichen Form ohne Diskriminierung des deutschen Partners. Jetzt ging es darum, den Verteidigungsbeitrag der Bundesrepublik politisch akzeptabel zu machen. Was lag näher, als das gleiche Verfahren, das schon der Gründung der Montanunion zugrunde lag, erneut anzuwenden. Das war die Geburtsstunde der *Europäischen Verteidigungsgemeinschaft* (EVG).

94. Kernstück der EVG war indessen nicht die Organisation einer europäischen Verteidigung einschließlich europäischer Streitkräfte, sondern der erneute und bis heute letzte Versuch, diese weitere Teilintegration in ein politisches Rahmenwerk zu stellen durch die Aufnahme von *Artikel 38 EVG-Vertrag*, der einer politischen Föderation Tür und Tor geöffnet hätte. Dieser Artikel 38 hatte folgenden Wortlaut:[62]

> „*§ 1. Innerhalb der im letzten Absatz dieses Artikels vorgesehenen Fristen untersucht die Versammlung:***
> *a) die Bildung einer Versammlung der Europäischen Verteidigungsgemeinschaft durch Wahl auf demokratischer Grundlage;*
> *b) die Befugnisse, die einer solchen Versammlung zu übertragen wären;*
> *c) die Änderungen, die gegebenenfalls an den Vorschriften dieses Vertrages über die übrigen Organe der Gemeinschaft vorgenommen werden müßten, insbesondere, um eine angemessene Vertretung der Staaten sicherzustellen.*
> *Bei ihren Untersuchungen hat sich die Versammlung insbesondere von nachstehenden Grundsätzen leiten zu lassen: Die endgültige Organisation, die an die Stelle der vorläufigen Organisation treten wird, soll so beschaffen sein, daß sie den Bestandteil eines späteren bundesstaatlichen oder staatenbündischen Gemeinwesen bilden kann, das auf dem Grundsatz der Gewaltenteilung beruhen und insbesondere über ein Zweikammernsystem verfügen soll. Die Versammlung hat ferner die Fragen zu prüfen, die sich aus dem Nebeneinander verschiedener, bereits vorhandener oder zu schaffender Organisationen für europäische Zusammenarbeit ergeben, um deren Zu-*

* Es sollte indessen nicht verkannt werden, daß es für die Sowjetunion auch ernstzunehmende verteidigungspolitische Gründe für ihre Aufrüstung gab, nämlich die zunächst in den USA, dann in Westeuropa erkennbare Stimmung oder Absicht, Osteuropa und die russischen Völker notfalls mit militärischer Gewalt von Stalins Terror zu befreien (sog. „Kreuzzug der Freiheit").

** Gemeint ist die analog zur Montanunion vorgesehene gemeinsame parlamentarische Versammlung der EVG.

sammenfassung im Rahmen des bundesstaatlichen oder staatenbündischen Aufbaus sicherzustellen.

§ 2. Die Vorschläge der Versammlung sind dem Rat binnen sechs Monaten nach Aufnahme ihrer Tätigkeit vorzulegen. Diese Vorschläge sind sodann mit der Stellungnahme des Rates vom Präsidenten der Versammlung den Regierungen der Mitgliedstaaten zuzuleiten; diese haben binnen drei Monaten eine Konferenz zur Prüfung der Vorschläge einzuberufen."

95. Die Schwächen des Artikels lagen auf der Hand. Er überließ den Regierungen praktisch die Entscheidung über einen *bundesstaatlichen* oder *staatenbündischen* Aufbau. Mehr war den Regierungen in der damaligen Situation nicht abzufordern. Es gibt Stimmen, die behaupteten, der EVG-Vertrag sei wegen § 38 gescheitert. Dies ist deshalb nicht anzunehmen, weil für viele, vor allem sozialdemokratische und sozialistische Europäer die europäische Verteidigungsgemeinschaft überhaupt nur zu rechtfertigen war, wenn sie Teil einer politischen Gemeinschaft wurde. Mit Artikel 38 EVG-Vertrag erreichten die Versuche, die politische Einigung durch einen unmittelbaren, verfassungsgebenden Akt zu verwirklichen, ihren Höhepunkt.

96. Um nicht die Ratifizierung des Vertrages abwarten zu müssen und zugleich der Öffentlichkeit die Bedeutung von Artikel 38 zu zeigen, erreichten Spaak und Spinelli (die als Architekten dieses Artikels anzusehen sind), daß die Versammlung der Montanunion diese Arbeit noch vor Abschluß des Ratifizierungsverfahrens übernahm. Da dies auf rechtliche Vorbehalte der SPD stieß, konstituierte sie sich unter der Präsidentschaft von Spaak als *ad hoc-Versammlung*. Sie erreichte es in der Tat, daß ihr alle sechs Regierungen einen formellen Auftrag zur Ausarbeitung eines europäischen Vertrages erteilten, der vom Verfassungsausschuß der ad hoc-Versammlung unter Vorsitz von Heinrich von Brentano tagte und seine Arbeiten am 10. März 1953 den Außenministern der sechs Regierungen übergab. Bis zum endgültigen Scheitern des EVG-Vertrages gab es damit erst- und einmalig in der europäischen Geschichte einen quasi amtlichen Verfassungsentwurf. Die wichtigsten Artikel dieses Entwurfs eines *Vertrages über die Satzung der Europäischen Gemeinschaft* lauteten:[64]

„*Artikel 1. Mit diesem Vertrag wird eine europäische Gemeinschaft übernationalen Charakters errichtet . . .*

Artikel 2. Die Gemeinschaft hat folgende allgemeine Ziele und Aufgaben:

- *zur Wahrung der Menschenrechte und Grundfreiheiten in den Mitgliedstaaten beizutragen;*
- *mit den anderen freien Nationen zum Schutze der Mitgliedstaaten gegen jede Aggression beizutragen;*
- *in den Fragen, die den Bestand, die Sicherheit oder den Wohlstand der Gemeinschaft berühren können, die Koordinierung der Außenpolitik der Mitgliedstaaten zu sichern;*
- *Im Einklang mit der Gesamtwirtschaft der Mitgliedstaaten die Ausweitung der Wirtschaft, die Steigerung der Beschäftigung und die Hebung der Lebenshaltung in den Mitgliedstaaten zu fördern, insbesondere durch fortschreitenden Ausbau eines gemeinsamen Marktes, wobei durch Über-*

gangsbestimmungen oder andere Maßnahmen tiefgreifende und anhaltende Störungen in der Wirtschaft der Mitgliedstaaten zu vermeiden sind;
- *auf die Erreichung der in der Satzung des Europarates, im Vertrag über die europäische wirtschaftliche Zusammenarbeit und im Nordatlantikpakt aufgestellten allgemeinen Ziele gemeinsam mit den Mitgliedstaaten und den anderen Staaten, die an diesen Verträgen beteiligt sind, hinzuarbeiten.*

Artikel 5. Die Gemeinschaft bildet mit der Europäischen Gemeinschaft für Kohle und Stahl und der Europäischen Verteidigungsgemeinschaft eine Rechtseinheit . . .

Artikel 10. Das Parlament beschließt Gesetze, Empfehlungen und Vorschläge. Es beschließt auch den Haushalt und das Rechnungsgesetz . . .

Artikel 11. Das Parlament besteht aus zwei Kammern, die . . . die gleichen Zuständigkeiten besitzen. Die erste Kammer, die Völkerkammer, besteht aus Abgeordneten, welche die in der Gemeinschaft geeinten Völker vertreten. Die zweite Kammer, der Senat, besteht aus Senatoren, welche das Volk jedes Staates vertreten.

Artikel 13. Die Abgeordneten werden in allgemeiner, gleicher, unmittelbarer und geheimer Wahl der Männer und Frauen gewählt . . .

Artikel 27. Der Europäische Exekutivrat nimmt die Regierung der Gemeinschaft wahr . . .

Artikel 28.

§ 1. Der Senat wählt den Präsidenten des Europäischen Exekutivrates in geheimer Wahl mit der Mehrheit seiner Mitglieder.

§ 2. Der Präsident ernennt die übrigen Mitglieder des Europäischen Exekutivrates.

§ 4. Die Mitglieder des Europäischen Exekutivrates führen die Amtsbezeichnung „Minister der Europäischen Gemeinschaft".

Artikel 55. Die Gemeinschaft kann an die Mitgliedstaaten Vorschläge zur Erreichung der in Artikel 2 bestimmten allgemeinen Ziele richten . . .

Artikel 68. Der Europäische Exekutivrat verhandelt über die zwischenstaatlichen Verträge oder Abkommen, welche die Gemeinschaft verpflichten, und schließt diese Verträge oder Abkommen ab . . .

Artikel 69. Die Gemeinschaft sorgt für eine Koordinierung der Außenpolitik der Mitgliedstaaten . . . Zu diesem Zweck kann der Europäische Exekutivrat durch einstimmigen Beschluß des Rates der nationalen Minister zum gemeinschaftlichen Beauftragten der Mitgliedstaaten bestellt werden.

Artikel 71. Die Gemeinschaft ist beauftragt . . . zwischen den Mitgliedstaaten zwecks Festlegung einer gemeinsamen Haltung ein Konsultationsverfahren vor Beginn internationaler Konferenzen einzuführen, auf denen Interessen der Gemeinschaft in Frage stehen."

97. Dieser Entwurf war ein verfassungsrechtliches Unikum. Auf der einen Seite enthielt er alle Elemente einer echten Föderation mit eigener Hoheit und eigenen Befugnissen. Diese Befugnisse sollten aber zunächst nur für die beiden Gebiete wirksam werden, auf denen die Regierungen Gemeinschaftsverträge abgeschlossen hatten: Kohle und Stahl und Verteidigung, wobei die EVG noch gar nicht in Kraft getreten war. Die Handschrift der europäischen Föderalisten ist ebenso erkennbar wie die Anlehnung an das Grundgesetz der Bundesrepublik Deutschland, zum Beispiel in Hinblick auf die Bestellung der Exekutive. Der Grundsatz – lieber beschränkte, aber echte Befugnisse – hatte sich durchgesetzt. Im übrigen gab sich die Satzung damit zufrieden, einen bundesstaatlichen Rahmen geschaffen zu haben, der auf den Gebieten der allgemeinen Wirtschaft und Außenpolitik durch einfachen Beschluß der nationalen Regierungen nur noch ausgefüllt zu werden brauchte. Interessant war und darin lag eine Schwäche des Entwurfs, daß die nationalen Regierungen, hätten sie erst einmal der Satzung und später durch den Rat der nationalen Minister weiteren Befugnissen zugestimmt, in der Gemeinschaft nicht mehr viel zu vermelden gehabt hätten. Andererseits wurde beispielsweise keine europäische Staatsangehörigkeit begründet, und Artikel 71 erinnert an die Arbeitsweise der Europäischen Politischen Gemeinschaft (EPZ).

98. Offensichtlich hatten die Verfasser in der Annahme gehandelt, daß die nationalen Regierungen an diesem Entwurf sehr viel ändern würden. Sie wollten den Regierungen Spielraum lassen. Aber zur Behandlung des Entwurfs durch die Außenminister sollte es nie kommen. Mit dem Scheitern der EVG am 30. August 1954 in der französischen Nationalversammlung war der Zwang zu anderen Lösungen des deutschen Verteidigungsbeitrages gegeben, die sich im Beitritt der Bundesrepublik zur NATO und zur (ursprünglich gegen Deutschland gerichteten) Westeuropäischen Union als europäischer Regionalorganisation unter Einbeziehung Großbritanniens und aller Mitglieder der Montanunion (Pariser Verträge 1954) vollzogen.

Die Römischen Verträge: wirtschaftliche Integration

99. Mit dem EVG-Vertrag war zwar der unmittelbare Sprung zur Politischen Gemeinschaft gescheitert, nicht aber das der Montanunion unterlegte Prinzip der langfristig angelegten Ausweitung der Teilintegration zunächst auf die gesamte Wirtschaft und später auf andere Gebiete, insbesondere die Außenpolitik.

100. Das schien zunächst durch die geglückte Gründung der *Europäischen Wirtschaftsgemeinschaft* (Gemeinsamer Markt) und der *Europäischen Atomgemeinschaft* (EURATOM) bestätigt. Die sogenannten *Römischen Verträge* vom 25. März 1957 übertrugen das Prinzip der Montanunion auf die beiden neuen Bereiche, wenn auch in abgeschwächter Form.[65] So steht der *Gemeinsamen Versammlung* (die sich selbst in *Europäisches Parlament* umbenannt hatte, was die französische Regierung lange Zeit nicht anerkannte, schließlich aber wie die anderen Regierungen auch akzeptierte) für die neuen Bereiche eine sehr viel beschränktere Einflußnahme auf die Gemeinschaftsexekutive als im EGKS-Vertrag zu. Die Priorität der Kommission als Exekutive der Montanunion ist in den Römischen Verträgen zugunsten des Ministerrates zurückgedrängt. Dieser Umstand verhinderte lange Zeit die Fusion der drei Gemeinschaften, die aber schließlich doch im April 1965 zustande kam. Danach gibt es zwar nur noch *eine* Kommission, die aber nach wie vor die einzelnen Verträge getrennt anwendet. Das äußert sich beispielsweise darin, daß die Kommission auf dem Kohle- und Stahlmarkt auch heute noch selbständiger und unmittelbarer tätig werden kann als etwa auf dem Agrarmarkt.

101. Dennoch sind im Prinzip die drei Elemente staatlicher Subjektfähigkeit – Exekutive, Legislative (allerdings beschränkt auf parlamentarische Beratung und Kontrolle ohne Budgetrecht, für das es lediglich im EGKS-Vertrag einen Ansatz gibt) und Rechtsprechung erhalten und damit ausbaufähig. Mittels eines Wirtschafts- und Sozialausschusses (im EGKS-Vertrag „Beratender Ausschuß") wird den Repräsentanten von Industrie, Handel, Agrarwirtschaft und Gewerkschaften die Möglichkeit der Beratung eingeräumt. Auch eine andere entscheidende Qualität wirksamen Handelns ist im Ansatz gegeben: die Verfügung über eigene Einnahmen.

102. Eine andere, in allen drei Gemeinschaftsverträgen enthaltene Qualität – Abstimmung im Ministerrat mit qualifizierter Mehrheit – wurde später durch de Gaulle weitgehend außer Kraft gesetzt, indem er durch sein Veto die anderen fünf Regierungen veranlaßte, in allen Fragen von *vitaler Bedeutung* nach dem Einstimmigkeitsprinzip zu verfahren. Die dadurch ausgelöste monatelange Gemeinschaftskrise wurde erst im Januar 1966 in Luxemburg beigelegt, indem die anderen Regierungen den französischen Forderungen nachgaben.[66] Seither herrscht in den Gemeinschaften praktisch das vertragswidrige Einstimmigkeitsprinzip mit der Einschränkung, daß ein Mitgliedsland sich der Stimme enthalten kann, ohne dadurch das Inkrafttreten eines Beschlusses zu vereiteln.

103. Alle anderen Bereiche wurden nur andeutungsweise geregelt und späteren Einzelregelungen überlassen: gemeinsame Wirtschafts-(Konjunktur-)politik, Währungspolitik, Handelspolitik, Sozialpolitik, Entwicklungspolitik, Regionalpolitik. Während in der Sozial-, Entwicklungs- und Regionalpolitik durch entsprechende Verordnungen und Solidarfonds Ansätze gemeinschaftlichen Handelns gefunden wurden, kam es zu keinen entscheidenden Maßnahmen zur Herstellung einer wirklichen Wirtschafts- und Währungsunion, vielmehr blieb es bisher bei der Zollunion und beim Agrarmarkt.

104. Die gesonderte Gründung der Atomgemeinschaft erfolgte weitgehend auf französischen Wunsch, um die schwierigen Probleme der „Entwicklung einer mächtigen Kernindustrie" (Präambel EURATOM-Vertrag) unabhängig von der Wirtschaftsgemeinschaft regeln zu können. Dafür sprachen, vor allem aus französischer Sicht, die notwendige Kooperation (oder auch Konfrontation!) mit den USA, mit der die Zollunion nicht belastet werden sollte. Eben diese Schwierigkeiten, unter anderem das Problem des Atomsperrvertrages, aber auch die Fehleinschätzung der Entwicklung und Bedeutung von Kernenergie, hatten später zur Folge, daß mit der Fusion der Gemeinschaften EURATOM faktisch gegenstandslos wurde und sich heute in einem lückenlosen und vorbildlichen Überwachungssystem ziviler Kernanlagen und in einem mühsamen Unterhalt der gemeinsamen Forschungseinrichtungen erschöpft.

Der britische Beitritt: Ende oder Chance?

105. Historisch interessant und auch heute noch politisch von Interesse sind die Umstände des Beitritts weiterer Länder zur Gemeinschaft, insbesondere der britische Beitritt. Die britische Regierung stand den Römischen Verträgen von vornherein mit den bekannten Vorbehalten gegenüber. Das Motiv, die deutsch-französische Zusammenarbeit zu fördern, hatte nach Gründung der Montanunion und den Pariser Verträgen über die Regelung des deutschen Verteidigungsbeitrages seine Bedeutung verloren. Die Zollunion schädigte nach Auffassung aller britischen Regierungen und Parteien die britischen Interessen, die mit Blick auf die Bindungen zu den USA und zu den Resten des Commonwealth, vor allem zu den sogenannten *weißen* Commonwealthmitgliedern, in einer großen *Freihandelszone* besser zu wahren gewesen wären. Im Unterschied zur straffen Zollunion räumt eine Freihandelszone ihren Mitgliedern gegenseitige Zollfreiheit ein, überläßt ihnen aber die Gestaltung der Zollpolitik gegenüber dritten Staaten. Der Nachteil wäre gewesen, daß ein umständliches Verfahren zur Klärung des Warenursprungs hätte eingerichtet werden müssen, um zu verhindern, daß beispielsweise Billigimporte nach England den Markt der anderen Partner überschwemmten. Darüber hinaus dürfte Großbritannien auch andere, hauptsächlich innenpolitische Gründe gehabt haben, um die Entwicklung eines starken westeuropäischen Blockes zu verhindern, in erster Linie die gleichen Gründe, die schon 1949/1950 die Mitwirkung an einer engeren Union verhinderten. Als es dennoch zur Bildung des Gemeinsamen Marktes kam, gründete Großbritannien die sogenannte Kleine Freihandelszone mit den wichtigsten übrigen Mitgliedern des Europäischen Wirtschaftsrates.

106. Interessant ist nun, daß die britische Regierung ihren Antrag auf Beitritt zur Gemeinschaft just zu dem Zeitpunkt stellte, zu dem (1) de Gaulle die Gemeinschaft ihres supranationalen Charakters beraubt hatte, (2) ein Erfolg des Gemeinsamen Marktes sichtbar geworden war und sich (3) der Mißerfolg der Kleinen Freihandelszone herausgestellt hatte. Das Veto de Gaulles anläßlich der ersten Beitrittsverhandlungen am 14. Januar 1963 wenige Tage vor Unterzeichnung des Deutsch-Französischen Vertrages* erscheint deshalb widersprüchlich. Es richtete sich auch weniger gegen die Modalitäten des Beitritts als gegen Großbritanniens enge Bindung an die Vereinigten Staaten, die de Gaulles Vorstellungen von der Rolle der Gemeinschaft als „Dritte Kraft" zwischen Washington und Moskau zuwiderlief. Erst 1972 kam es dann zum Beitritt gemeinsam mit Irland und Dänemark (Norwegen hatte sich in einem Referendum gegen den Beitritt ausgesprochen). Dieser zeitliche Ablauf berechtigt natürlich zu der Frage, ob Großbritanniens Beitritt einen echten Sinneswandel widerspiegelt oder nur die Folge der Tatsache ist, daß die Gemeinschaft ihren supranationalen Charakter inzwischen weitgehend verloren hat.

107. Die in die Montanunion gesetzte Erwartung, daß der Teilintegration des

* Bis heute ist nicht eindeutig geklärt, ob Adenauer über dieses Veto rechtzeitig informiert war und ob er es gebilligt hatte.

Kohle-, Eisen- und Stahlmarktes automatisch die wirtschaftliche Integration folgen müsse, hat sich zumindest teilweise erfüllt. Von der Zollunion sind ohne Zweifel starke Impulse für die wirtschaftliche Expansion in allen Mitgliedsländern ausgegangen. Die Gemeinschaft hat weiter der Weltwirtschaft erhebliche Impulse gegeben. Ebenso aber sind Mängel und Versäumnisse zu Tage getreten, die zumindest Zweifel darüber begründen, ob die Gemeinschaft ohne politischen Überbau weiterhin ihre Rolle nach innen und außen erfüllen kann.

108. Versuche, diesen politischen Überbau zu schaffen, sind seit Inkrafttreten der Römischen Verträge nur zweimal unternommen worden. Einmal durch de Gaulle schon 1960 mit dem Vorschlag der Einrichtung eines politischen Sekretariats (nach dem französischen Verhandlungsführer Christian Fouchet *Fouchetplan* genannt), der von den anderen Regierungen mit der Begründung abgelehnt wurde, daß dadurch die Unabhängigkeit der drei Gemeinschaften beeinträchtigt würde.* Zum anderen mit dem ohne förmlichen Vertrag eingerichteten *Europäischen Rat* der Staats- und Regierungschefs während der letzten Jahre, in dem allmählich die Funktionen des Ministerrates der Gemeinschaft mit Beratungen über andere gemeinsame Probleme (Außenpolitik, Konjunktur, Währung) koordiniert werden sollen.

Vorfeldbereinigung ohne Absicherung

109. Damit bin ich an den Ausgangspunkt meiner kritischen Betrachtungen über die weiteren Chancen europäischer Einigungspolitik zurückgekehrt. Zusammenfassend läßt sich im Rückblick auf dreißig Jahre praktischer Europapolitik feststellen:

110. *Erstens* ist eine Vorfeldbereinigung erfolgt, die als friedenstiftende Leistung gar nicht hoch genug bewertet werden kann. Dazu gehören die Wiederaufnahme des westlichen Teils Deutschlands in die Völkergemeinschaft, die deutsch-französische Aussöhnung und die Impulse, die von der für damalige Verhältnisse mutigen Liberalisierung der Wirtschaft und der Währungen ausgingen. Weiter ist dazu die Herstellung des Gemeinsamen Marktes der Sechs (später Neun) und die beginnende Rechtsangleichung (insbesondere im Rahmen des Europarates) zu nennen.

111. *Zweitens* ist positiv zu bewerten, daß diese Politik der europäischen Aussöhnung und Zusammenarbeit die Grundlage für eine (wiederum an den damaligen Verhältnissen zu messende) optimale Verteidigung Westeuropas einschließlich der Bundesrepublik geschaffen hat. Freilich muß man sich auch darüber im klaren sein, daß der Preis für diese Politik die Zementierung der Spaltung Europas und der Teilung Deutschlands war.

112. Dagegen wurden *drittens* die Erwartungen hinsichtlich einer politischen Integration der Mitglieder des Europarates oder auch nur der Mitglieder der Europäischen Gemeinschaft nicht erfüllt. Dies dürfte der entscheidende Grund dafür ge-

* Auch hier ist nicht eindeutig klar, wie Adenauer zunächst zu diesem Vorschlag stand. Im späteren Verlauf hat auch er – vor allem unter dem Einfluß des damaligen Kommissionspräsidenten Hallstein – die Bedenken der anderen Regierungen geteilt.

wesen sein, daß die westlichen Regierungen ihre Verteidigungsanstrengungen nicht durch eine offensive außen- und wirtschaftspolitische Strategie ergänzen konnten.

113. *Viertens* ist es in den Innenbeziehungen zwischen den Gemeinschaftsmitgliedern nicht gelungen, die anfänglichen und bis in die Mitte der sechziger Jahre wirkenden wirtschaftlichen Impulse abzusichern, so daß seither wieder eine Auseinanderentwicklung zu verzeichnen ist. Für die Bewältigung der neuen Konflikte (Sprengung der nationalen Grenzen durch gesellschaftliche Entwicklungen innerhalb der Gemeinschaft wie auch weltweit) reicht das mit den Gemeinschaften geschaffene institutionelle und (markt)wirtschaftliche Instrumentarium offensichtlich nicht aus. Damit hat sich die Befürchtung jener Föderalisten bewahrheitet, die schon 1950 vorhersagten, daß die wirtschaftliche Einigung nicht von Bestand sein könne, wenn sie nicht rechtzeitig durch eine umfassende politische Integration ergänzt und abgesichert wird.

5. *Kapitel*

Die Gemeinschaft erstickt an sich selbst

Eine zunächst recht beachtliche Bilanz

114. Mit einem Nachzeichnen der Entwicklung während der vergangenen dreißig Jahre und der Darstellung der inzwischen entstandenen Institutionen ist es freilich nicht getan. Was sind denn eigentlich die Vorteile, die für die Staaten und für die Bürger herausgesprungen sind, und welcher Preis mußte unter Umständen dafür bezahlt werden? Und was wurde versäumt und auch hier wieder die Zusatzfrage: welchen Preis mußten wir schon für diese Versäumnisse zahlen und werden wir voraussichtlich noch zu zahlen haben?

115. Der Nachweis der Erfolge der bisherigen europäischen Einigungspolitik ist deshalb so schwierig, weil diese Erfolge inzwischen zum Alltag gehören, selbstverständlich geworden sind und folglich überhaupt nicht mehr als Erfolge erkannt werden. Das gilt beispielsweise für die Paßfreiheit, die freie Umtauschbarkeit von Währungen allen Währungskrisen zum Trotz, das Warenangebot in unseren Geschäften, die allgemeine Anhebung des Lebensstandards. Was davon ist wirklich dem Gemeinsamen Markt zu verdanken? Wären die gleichen Erfolge nicht auch ohne Hohe Behörde oder Europäische Kommission eingetreten? Da ist die Aufnahme Westdeutschlands in die westliche Staatengemeinschaft zu nennen, aber welchem Jugendlichen sagt das heute noch etwas?

116. Andere Vorteile waren und sind für den einfachen Bürger weniger spektakulär, obwohl sie für ihn viel entscheidendere Bedeutung als das bunte Warenangebot in Supermärkten hatten. So war es beispielsweise der Montanunion zu verdanken, wenn in Zeiten des Kohlenmangels Mitte der fünfziger Jahre (wer erinnert sich noch daran!) alle Mitglieder – gleich ob sie zu den kohlereichen oder kohlearmen Ländern gehörten – gleichen Zugang zu gleichen Preisen zu den vorhandenen Kohlemengen hatten. Umgekehrt hat die Montanunion zu Zeiten der Kohlehalden mörderische Preiskämpfe verhindert und dafür gesorgt, daß die notwendigen Stillegungen von Zechen auf die kohleproduzierenden Mitglieder gerecht und ohne allzu große soziale Schwierigkeiten verteilt werden konnten.

117. In der Tat ist die wirtschaftliche Erfolgsbilanz der Europäischen Gemeinschaft beeindruckend. Die Neuner-Gemeinschaft ist das handelsintensivste Gebiet der Welt. Im Jahre 1974 hat die Gemeinschaft fast 24% des gesamten Welthandels abgewickelt, wobei der sogenannte Binnenaustausch, also der Handel der neun Mitgliedsländer untereinander, nicht mitgerechnet ist. Erst mit Abstand, nämlich mit rund 16,5% folgt das zweitwichtigste Handelsgebiet, die Vereinigten Staaten von Amerika, obwohl beide Gebiete in Bezug auf Einwohnerzahl (Gemeinschaft 260 Millionen, USA 212 Millionen) und volkswirtschaftliche Leistung (Bruttosozialprodukt der Gemeinschaft 1975 rund 3275 Milliarden DM gegenüber einem

Bruttosozialprodukt der USA in Höhe von 3700 Milliarden DM im selben Jahr) miteinander vergleichbar sind.

118. Während sich das Welthandelsvolumen in den Jahren 1958 bis 1976 nur verfünffachte, hat sich der Außenhandel der Gemeinschaft im gleichen Zeitraum versechsfacht, der Handel der Bundesrepublik mit ihren Partnerländern sogar verzwölffacht! In einer Leistungsbilanz des Verbindungsbüros der Gemeinschaft in Bonn[67] wird der Vorteil, den die Gemeinschaft der Bundesrepublik gebracht hat, mit dem Hinweis untersrichen, daß allein während der Jahre 1974 bis 1976 der Überschuß der Bundesrepublik im innergemeinschaftlichen Warenverkehr über 30 Milliarden DM betragen habe. Wir sehen in erster Linie die Waren, die aus anderen Ländern bei uns angeboten werden, seltener aber die deutschen Waren auf anderen Märkten. In der gleichen Bilanz wird nachgewiesen, daß sich seit 1958 die französischen Ausfuhren in die Bundesrepublik zwar vervierzehnfacht haben, die deutschen Ausfuhren nach Frankreich aber verfünfzehnfacht!

119. Das Zentrale Planungsamt der Niederlande hat in Zusammenhang mit dem Spierenburg-Bericht[68] einmal genau zu berechnen versucht, welchen Vorteil der Gemeinsame Markt gebracht hat. Prof. Verdoorn, die diese Berechnungen durchführte, kommt zu dem Schluß, „daß die zusätzliche Ausfuhr von Industrieerzeugnissen in die EWG-Partnerländer als Folge des allmählichen Abbaus der Handelsschranken in der Periode 1956–1969 auf rund 80% angesetzt werden kann“. Also hätten die Niederländer fast eine Verdoppelung ihres Handelssaustausches mit den Partnern im Gemeinsamen Markt der Gemeinschaft zu verdanken. Dabei ist allerdings zu berücksichtigen, daß 71% der Ausfuhren der Niederlande auf die Partner in der Gemeinschaft entfallen, die Bundesrepublik wickelt dagegen nur knapp die Hälfte ihres Exports mit den Gemeinschaftspartnern ab.[69] Dennoch kann kein Zweifel daran bestehen, daß diese Entwicklung zur Erhöhung der Einkommen in allen Gemeinschaftsländern beigetragen hat. Das Pro-Kopf-Einkommen in der Gemeinschaft hat sich in den letzten zwanzig Jahren rund verdoppelt, in der Bundesrepublik sogar verdreifacht.

120. Man könnte den erreichten Wohlstand in der Gemeinschaft mit einer Fülle von Zahlen belegen, wie dies im Informationsdienst der Europäischen Gemeinschaften *euroforum* vom 1. März 1977 anläßlich des zwanzigsten Jahrestages der Unterzeichnung der Römischen Verträge (25. März 1957) geschieht: „1960 gab es für 1000 Einwohner der Gemeinschaft 78 Pkw's, 1975 waren es 277. 1960 bestanden für 1000 Einwohner nur 92 Telefonanschlüsse, 1975 waren es 273. Ebenso hat sich die Zahl der Fernsehgeräte zwischen 1960 und 1975 von 60 auf 262 für 1000 Einwohner erhöht.“ Allerdings wird im selben Dienst nicht verschwiegen, daß solche Zahlen nichts über die innere Entwicklung der Gemeinschaft und über die Problematik reinen Wachstumsdenkens aussagen. So gibt es in der Bundesrepublik rund 300 Fernsehgeräte auf 1000 Einwohner, in Italien dagegen nur etwa 200 Geräte auf 1000 Einwohner.

Die Kluft zwischen den Mitgliedern wird wieder größer

121. Unschwer läßt sich nachweisen, daß nach anfänglichem Zusammenwachsen der sechs Volkswirtschaften seit etwa 1965 wieder eine wirtschaftliche Auseinanderentwicklung in der Gemeinschaft zu verzeichnen ist, die durch den Beitritt Dänemarks, Großbritanniens und Irlands weiter verstärkt wird. In einem Arbeitspapier von Klaus Busch[70] ist minutiös beschrieben, wie aufgrund struktureller Unausgewogenheiten und vor allem der unterschiedlichen Kapitalakkumulationsbedingungen und Profitraten eine weitere Abkoppelung der nördlichen und südlichen Peripherie von der „Kern-Gemeinschaft“ im Zentrum geradezu unvermeidlich ist. Das Entwicklungsgefälle wird sich vertiefen, „die *golden sixty's* der EG“, so weist Busch nach, „sind vorbei“. Dabei hat nicht nur das sowieso vorhandene Entwicklungsgefälle weiter zugenommen, auch die Rangliste der beteiligten Länder hat sich erheblich verschoben. Das kann an der Entwicklung des Bruttoinlandprodukts je Einwohner in jeweiligen Preisen und Wechselkursen (auf Basis der alten Europäischen Rechnungseinheit gleich US-Dollar) für die Bundesrepublik, Großbritannien, Frankreich und Italien aufgezeigt werden:[71]

Rangliste 1960		*Rangliste 1976*	
1. Großbritannien	1358	1. Bundesrepublik	5173
2. Frankreich	1310	2. Frankreich	4803
3. Bundesrepublik	1287	3.Großbritannien	3078
4. Italien	689	4. Italien	2332
EG-Durchschnitt	1152	EGDurchschnitt	3938
USA zum Vergleich	2809	USA zum Vergleich	5382

122. Lagen also 1960 Großbritannien und Frankreich noch deutlich vor der Bundesrepublik und alle drei Länder nicht allzu weit über dem EG-Mittel, so führt jetzt die Bundesrepublik die Liste an, knapp gefolgt von Frankreich, beide erheblich über dem EG-Mittel, während Großbritannien auf den dritten Platz zurückgefallen ist und zudem noch weit unter dem EG-Mittel liegt. Es liegt näher zu Italien als zu Frankreich und drückt natürlich den EG-Durchschnitt, was optisch – aber eben nur optisch! – zur Folge hat, daß Italien heute näher am EG-Mittel liegt als im Jahre 1960. Der Abstand Italiens zur Bundesrepublik, der 1960 noch einem Verhältnis von 1 zu 1,86 entsprach, hat sich 1976 auf 1 zu 2,22 verschlechtert. Solche Zahlen dürften nicht gerade Begeisterung für die Gemeinschaft wecken, auch wenn man entgegenhalten kann, daß die Entwicklung ohne Gemeinschaft unter Umständen noch ungünstiger verlaufen wäre.

123. Die Behauptung von Busch, daß diese Entwicklung so verlaufen mußte und weiter so verlaufen wird, gilt natürlich nur unter der Annahme, daß die Regierungen und die Gemeinschaft die Dinge wie bisher treiben lassen. So lange der Gemeinsame Markt dem Prinzip der freien Wahl des jeweils günstigsten Standorts huldigt, sind kaum Änderungen zu erwarten. Zu Zeiten nahezu unbegrenzter Wachstumserwartungen, eben in den *golden sixty's*, führte dieses Prinzip zur

Konzentrierung wirtschaftlicher Entwicklung entlang der sogenannten Rheinschiene, die von Norditalien über Teile des Rhônetals zum Rheintal und dieses entlang bis Luxemburg, Belgien und die Niederlande reicht und sich dann noch einmal im Londoner Raum und in Teilen Mittelenglands fortsetzt. Die Arbeit wanderte zum Standort und zum Kapital und rief riesige Binnenwanderungen hervor, die zwar zur Erhöhung des Sozialprodukts entlang dieser Rheinschiene beitrugen, aber gleichzeitig erhebliche soziale Probleme entstehen und ganze Landstriche veröden ließen. Das Problem der Wanderarbeiter in Europa, bei uns Gastarbeiter genannt, ist eines der Probleme, denen die einzelnen Regierungen ebenso wie die Gemeinschaft hilflos gegenüberstehen. Die Regionalpolitik, die diesem Phänomen entgegensteuern sollte, kam erstens viel zu spät und wurde zweitens viel zu halbherzig betrieben. Die Mittel, mit denen die Regierungen zum Jahresende den Gemeinschaftsfonds ausgestattet haben (rund 4,8 Milliarden DM für die nächsten drei Jahre), sind ein Tropfen auf den heißen Stein.

124. Die lausige wirtschaftliche – und konsequenterweise auch ebenso lausige politische – Situation Italiens muß angesichts solcher Fakten als eine direkte Folge verfehlter Gemeinschaftspolitik angesehen werden. Und auch der Ärger mit den Briten bei den Finanzverhandlungen im Rat der Gemeinschaft wird verständlich, wenn man sich diese Zahlen vor Augen hält. Hier liegen Ursachen für ganz neue politische und psychologische Konflikte, vor allem wenn man bedenkt, daß die Bundesrepublik als einer der Nachfolgestaaten des für den Zweiten Weltkrieg in erster Linie verantwortlichen Deutschen Reiches sich als eindeutiger Gewinner der Nachkriegszeit erweist. Dies sollte bei allen weiteren Überlegungen zumindest nicht aus den Augen verloren werden. Die ständigen deutschen Hinweise auf die angeblich zu hohen Finanzbeiträge an die Gemeinschaftskasse wirken peinlich, denn die Erfolgsdaten der westdeutschen Wirtschaft sind natürlich auch unseren Partnern bekannt. Ganz abgesehen davon können wir selbst gar kein Interesse an derart unausgeglichenen Entwicklungen haben, weil der Zeitpunkt abzusehen ist, an dem sich Großbritannien und Italien – aber auch andere Länder – fragen müssen, wie sie eigentlich die Einfuhren aus der Bundesrepublik noch bezahlen können. Tritt diese Situation ein, dann ist der Gemeinsame Markt am Ende.

Agrarmarkt – der große Störfaktor

125. So wie die Wirtschaftspolitik wurde auch die Agrarpolitik der Gemeinschaft zu keiner Zeit mit Blick auf veränderte Situationen problematisiert. Das Prinzip der gemeinsamen Agrarpolitik ist sehr einfach, auch wenn seine Durchführung in der Praxis äußerst kompliziert ist und eine riesige Verordnungs- und Kontrollbürokratie verlangt, die mehr als alles andere dem Ruf der Gemeinschaften geschadet hat. Im Unterschied zur Wirtschaftspolitik, die nach dem liberalen Prinzip der völligen Zollfreiheit nach innen und möglichst niedriger Zölle nach außen gestaltet wurde und auf diese Weise zu den genannten regionalen und strukturellen Verzerrungen führte, gingen die Regierungen auf dem Agrarmarkt nach dem genau entgegengesetzten Prinzip vor: total abgeschottete Märkte nach außen, Organisierung eines kompletten und komplizierten Preissystems, das den Bauern in der Gemeinschaft ein angemessenes Einkommen und Schutz vor Konkurrenz dritter Länder sichern soll. Zusammen mit beachtlichen Rationalisierungsmaßnahmen, die maximale, vor dreißig Jahren noch unvorstellbare Hektarerträge erbrachten, wurde die Gemeinschaft auf diese Weise allmählich in den wichtigsten Bereichen zum Selbstversorger und schließlich zum Überschußproduzenten (Milch, Butter). Da außerdem die Gemeinschaft im Interesse ihrer Handelsbeziehungen auch Agrarhandel betreiben muß, wird das Agrarangebot auf den Märkten der sechs Länder um so größer. Normalerweise müßten bei solchem Überangebot die Preise sinken, unrentable Bauernstellen müßten zugrunde gehen. Deshalb wird bei Überangebot und sinkender Preistendenz entweder den Landwirten ein direkter Ausgleich gezahlt oder die Überschüsse werden auf Lager genommen, was dann zu den legendären, aber tatsächlich existierenden Butter-, Milchpulver-, Fleisch-, Zucker- und Getreidebergen führt.

126. Die Mittel dafür erhält die Gemeinschaft aus den – vornehm *Abschöpfungen* genannten – Zöllen auf Agrarimporte und (erstmalig 1978) aus einem gleichmäßigen Anteil an der inzwischen in allen Gemeinschaftsländern eingeführten Mehrwertsteuer, der nicht mehr als 1% betragen darf und 1978 etwa bei 0,77% liegen wird. Da die Abschöpfungen zu Lasten der importstärksten Gemeinschaftsländer gehen, im wesentlichen zu Lasten der Bundesrepublik, und den schwächsten Landwirtschaften – Italien, Frankreich, und seit Erweiterung der Gemeinschaft auch Irland und Großbritannien – zugute kommen, findet auf diese Weise ein riesiger innergemeinschaftlicher Lastenausgleich in Milliardenhöhe statt, der in der Bundesrepublik immer häufiger auf Kritik stößt – zu Unrecht freilich, denn dieser Lastenausgleich ist nicht nur ein erklärtes Ziel der Gemeinschaftspolitik, er ist auch im Interesse *aller* Mitglieder notwendig. Gerade die beiden Länder, die im Grunde dem Gemeinschaftsgedanken mit der größten Zurückhaltung gegenüberstanden und noch stehen, nämlich Frankreich und Großbritannien, konnten nicht zuletzt wegen dieses Finanzausgleichs immer wieder bei der Stange gehalten werden.

127. Im übrigen ist der innergemeinschaftliche Agrarmarkt längst nicht mehr das, was er bis Anfang der siebziger Jahre war: ein freies Handelsgebiet. Neben nach wie vor unterschiedlichen Verbraucherschutzmaßnahmen, vor allem auf veterinärmedizinischem Gebiet, behindert vor allem die unterschiedliche Währungsentwicklung diesen Markt. Der Kursverfall der Lira, des französischen Franken und des englischen Pfundes gegenüber der Deutschen Mark und den anderen Währungen hätten zur Folge gehabt, daß trotz nominell einheitlicher Preise (Basis einer ursprünglich am Dollar orientierten, dann aber unabhängig festgesetzten Europäischen Rechnungseinheit, dem sogenannten *grünen Dollar*) die Agrareinfuhren aus den währungsschwachen Ländern so billig geworden wären, daß das mühsam erreichte Gleichgewicht auf dem Landwirtschaftssektor zusammengebrochen wäre. Deswegen werden seit einiger Zeit an den Grenzen der Mitgliedsländer *Währungsausgleichsabgaben* erhoben, die zwar theoretisch das System retten, es aber faktisch *ad absurdum* führen.

128. Die Sicherung angemessener landwirtschaftlicher Einkommen *über den Preis* mag sicher gerechtfertigt gewesen sein, solange der Anteil der landwirtschaftlich tätigen Bevölkerung an der erwerbstätigen Bevölkerung in der Gemeinschaft weit über 20% lag. Heute nähert sich dieser Anteil im EG-Durchschnitt der Zehn-Prozent-Marke, freilich mit erheblichen Unterschieden, wie die nachstehenden Zahlen[72] zeigen:

	1954	1976
Belgien/Luxemburg	12,5%	3,6%
Bundesrepublik	20,6%	6,4%
Frankreich	27,5%	11,3%
Großbritannien	5,3%	2,8%
Irland	40,0%	24.5%
Italien	41,2%	15,6%
Niederlande	19,8%	6,6%

129. In allen sechs Ländern der Gemeinschaft hat in diesen zwanzig Jahren also eine drastische Reduzierung dieses Anteils stattgefunden.* Auch Großbritannien, das 1954 bereits die günstigste Ausgangsposition hatte, konnte bis 1975 diesen Anteil nochmals fast halbieren. Die Reduzierung ist also ein allgemeines Phänomen und nicht unbedingt die Folge des Gemeinsamen Marktes, dem Großbritannien ja vor 1972 nicht angehört hatte. Als *Sicco Mansholt*, der niederländische Vizepräsident der Kommission bis 1972 und innerhalb der Kommission für Agrarpolitik zuständig, Ende der fünfziger Jahre den *Mansholt-Plan* vorlegte, der eine Halbierung des Anteils der landwirtschaftlich tätigen Bevölkerung an der Gesamtheit der Erwerbstätigen vorsah, erntete er Kritik und politische Vorwürfe. Inzwischen ist die von Mansholt anvisierte Schwelle nicht nur erreicht, sondern erheblich unterschritten worden. Die Warnung Mansholts, daß damit der Agrarpolitik der Gemeinschaft mit hochgeschleusten Binnenpreisen die Rechtfertigung entzogen sei, wurde freilich überhört.

130. Eine einzigartige Chance, das Agrarsystem der Gemeinschaft zu ändern, wurde vertan, als die britische Regierung sich während der Beitrittsverhandlungen aus äußerst kurzsichtigen Erwägungen, nämlich zur Entlastung ihres Steuerhaushalts, bereit erklärte, sich dem Gemeinschaftssystem anzuschließen, nachdem sie mit ihrem eigenen traditionellen System des direkten Einkommensausgleichs und damit auch des Verzichts auf Preismanipulationen gute Erfahrungen gemacht hatte.

131. Der Druck, die gemeinsame Agrarpolitik radikal zu ändern, wird indessen immer stärker, denn die gemeinsamen Agrarmarktordnungen wirken sich nicht nur

* Interessant ist auch die Tatsache, daß sich die Anteile der landwirtschaftlichen Erwerbsbevölkerung keineswegs einem gemeinsamen Mittelwert angenähert haben, wie es eigentlich die Logik der Römischen Verträge erfordert hätte. Vielmehr haben die Unterschiede zwischen den einzelnen Mitgliedsländern sogar noch zugenommen. War das Verhältnis Bundesrepublik zu Italien 1954 noch 1 zu 2, so hat es sich inzwischen auf 1 zu 2,25 verschlechtert.

als bürokratisches Hemmnis nach innen aus, sondern erweisen sich immer stärker als Störfaktor in den Beziehungen der Gemeinschaft zur Dritten Welt. In der Tat scheint die radikale Umkehr dieser Politik hin zur Billigproduktion bei direktem Einkommensausgleich, um der sich abzeichnenden weltweiten Nahrungsmittellücke vorbeugen zu können, immer dringender geboten. Tindemans geht auf diese Problematik leider nur am Rande ein, einmal mit der Erwähnung der „Vorzüge *und Schwächen* jener augenblicklich höchstentwickelten und am weitesten integrierten Form unseres gemeinsamen Handelns" und zum anderen mit der lapidaren Feststellung: „Die Agrarpolitik selbst darf sich jedoch nicht ausschließlich an den Problemen der Landwirtschaft orientieren."[73]

132. Eine Analyse der Gründe, warum trotz aller dieser Gesichtspunkte am derzeitigen Agrarsystem festgehalten wird, ergibt folgendes: Die Mitgliedsregierungen sehen in diesem System zur Zeit noch den bequemsten Weg, die *Einkommenserwartungen ihrer Landwirte zu befriedigen.* Für die Europäische Kommission ist die gemeinsame Agrarpolitik eine *letzte Klammer*, die die Gemeinschaft noch zusammenhält. Fällt auch diese Klammer, so wird in Brüssel befürchtet, dann ist der endgültige Zusammenbruch der Gemeinschaft nicht mehr aufzuhalten. Nicht minder offen wird in Brüssel ein weiterer Grund für das Festhalten an dieser Politik genannt, nämlich die Überlegung, daß der bürokratische Apparat, dessen Aufblähung im wesentlichen der Agrarpolitik zu verdanken ist, wie auch die immense Verfügungsmasse des Agrarfonds (von den rund 32 Milliarden DM Gemeinschaftshaushalt entfallen fast 3/4 auf den Agrarbereich)[74]) den Einfluß der Kommission begründen.

133. Alle vorgenannten Argumente sind sachfremde Argumente. Volkswirtschaftlich gesehen ist es unerheblich, ob die Preise hochgeschleust werden und die Landwirtschaft ein angemessenes Einkommen über den Preis erhält, oder ob die Preise niedrig gehalten werden und den Landwirten ein direkter Einkommensausgleich gewährt wird. Psychologisch würde eine Änderung des Systems den Vorteil mit sich bringen, daß die Bevölkerung billigere Nahrungsmittel sowohl aus eigener Produktion wie auch aus Importen erhält, obwohl dann eine höhere Steuerbelastung zu erwarten ist, um nämlich den direkten Einkommensausgleich für die Landwirtschaft durchführen zu können, denn die Erhaltung einer leistungsfähigen landwirtschaftlichen Bevölkerung ist eine gesellschaftspolitische Aufgabe ersten Ranges.

134. Entscheidend könnte sich diese Änderung auf die internationale Zusammenarbeit auswirken. Nur über Billigproduktion ist der Widerspruch zu lösen, daß bei Weltnahrungsmangel regional Überschüsse entstehen, die zum Herstellerpreis nicht abzusetzen sind, deshalb auf Lager genommen oder vernichtet werden müssen, soweit sie nicht durch Gemeinschaftssubventionen wieder auf Niedrigpreis heruntergeschleust werden. Die Vorratshaltung könnte auf ein vernünftiges Maß gebracht werden, die Produktion der tatsächlichen Nachfrage angepaßt werden.*

* Die Zusammenhänge Europäische Gemeinschaft/Agrarpolitik/Dritte Welt sind hervorragend dargestellt in S. Marsh „Die europäische Landwirtschaft in einer unsicheren Welt", Europa Union Verlag, Bonn, 1975. Die hier vorgetragenen Argumente werden in dieser Schrift weitgehend bestätigt.

134. Es müßten allerdings andere Wege des Lastenausgleichs zwischen den Mitgliedstaaten der Gemeinschaft gefunden werden, der angesichts der unterschiedlichen Wirtschaftsstrukturen und Produktionsbedingungen unabdingbar und eine Frage der Solidarität ist. Hier bietet sich der Regionalfonds an.

135. Das *Klammer-Argument* überzeugt am wenigsten. Wenn in Brüssel ganz offen ausgesprochen wird, daß ohne die Agrarpolitik die Kommission und die Gemeinschaft für die Mitgliedstaaten uninteressant seien, dann liegt darin bereits das Eingeständnis des Scheiterns dieser Politik und der Kommission selbst. Hier wird Politik in ihr Gegenteil verkehrt – sie ist nicht mehr die Kunst, das Mögliche machbar zu machen, sondern das Machbare zu verhindern.

136. Gefährlich ist schließlich das Argument der Machterhaltung mit Hilfe des Apparats und der Finanzmasse. Auf diese Weise wird Gemeinschaftspolitik zum Selbstzweck. Zu Recht hat Galtung mit seiner Kritik an der Gemeinschaft gerade an diesem Punkt angesetzt. Es ist heute eine der *Hauptaufgaben* politischen Handelns, die *Verselbständigung administrativer Macht zu verhindern.* Diese Überlegung ist übrigens eines der entscheidenden Argumente zugunsten einer Stärkung des Europäischen Parlaments durch Erweiterung seiner Kontrollbefugnisse! Wie diese Politik in der Öffentlichkeit wirkt, hat Dieter Göbel in der Ausgabe des *Stern* vom 14. Juli 1977 auf den einfachen Nenner gebracht: „Wir resignieren vor dem Unsinn europäischer Marktordnungen, vor dem geplanten Irrsinn uns erstickender Butter- und Zuckerberge; wir finanzieren die ausweglose Untüchtigkeit der jetzigen Europa-Apparatur – und zugleich träumen wir davon, ihr auch noch politische Macht über uns zu geben. Ein perfektes Selbstmordprogramm."

Süderweiterung: nach Butterbergen Olivenöltanks?

137. Abgesehen von dem in diesem Kommentar angesprochenen Bürokratieproblem, auf das später noch ausführlich einzugehen ist, wird sich die Frage nach dem Agrarsystem bei den Verhandlungen über die Aufnahme der südeuropäischen Länder – Griechenland, Portugal und Spanien – ergeben, von denen Griechenland bereits seit langem den Status eines *assoziierten* Staates hat. Innerhalb der Gemeinschaft wird sich dann das Problem einer mörderischen Konkurrenz einmal innerhalb der Gemeinschaft zwischen Olivenherstellern und Zitrusfruchtproduzenten und zum anderen mit den übrigen Mittelmeerrandstaaten, insbesondere mit Israel und den Maghrebstaaten stellen. Die Gemeinschaft wird dann entscheiden müssen, ob sie das Schutzsystem des agrarischen Nordens auch auf den Süden anwenden und riesige Tanklager für Olivenöl und Orangensquash finanzieren und dazu noch politische Konflikte mit Tunesien, Algerien und Marokko in Kauf nehmen will, oder ob sie das Steuer herumwirft und den Markt freigibt, selbstverständlich bei gleichzeitigen Hilfsmaßnahmen für die betroffenen Gemeinschaftsregionen. Anderenfalls wird es zur Erweiterung der Gemeinschaft nicht kommen, die wiederum im Interesse der weiteren demokratischen Entwicklung in Griechenland, Portugal und Spanien geboten ist.

138. Ohne jeden Zweifel bedeutet die Hereinnahme von drei weiteren Ländern in die Gemeinschaft erhebliche Anstrengungen und auch Opfer seitens der bisherigen Mitglieder. Doch sollten 260 Millionen Europäer auch noch 35 Millionen Spanier, die etwa die gleiche wirtschaftliche Leistung pro Einwohner wie die Italiener erbringen, sowie 9 Millionen Griechen und 9,4 Millionen Portugiesen, die allerdings zu den ärmsten der Armen in Europa zählen, verkraften können. Die Frage dieser Erweiterung ist zugleich ein Prüfstein, ob die Gemeinschaft genügend Solidarität und ihre Bürokratie genügend Flexibilität aufbringen werden, um die sicher komplizierten Probleme der gemeinsamen Beschlußfassung (wozu dann auch das leidige Problem der verschiedenen Sprachen gehört) lösen zu können. Je einfacher die Strukturen sein werden, um so handhabbarer werden sie auch sein.

Die Dritte Welt: Opfer des Gemeinsamen Marktes

139. Die Notwendigkeit einer offenen und solidarischen Politik der Gemeinschaft gilt nicht nur für die unterentwickelten Regionen in Europa selbst. Sie gilt vor allem für die Länder der *Dritten Welt*, die für eine Mitgliedschaft in der Gemeinschaft nicht infrage kommen. Mit Blick auf diese Länder, vor allem auf jene, die über keine nennenswerten eigenen Ressourcen verfügen und die wir heute deshalb als *Vierte Welt** bezeichnen, wird die Notwendigkeit einer radikalen Umorientierung der Gemeinschaftspolitik am deutlichsten sichtbar. Die Gemeinschaft gilt nicht nur, sie ist auch tatsächlich der international am meisten auf Mehrung des eigenen Vorteils bedachte Partner. Sie wird in dieser Hinsicht nur noch von Japan übertroffen, das jedoch an Gewicht mit seinem Anteil am Welthandel, nicht aber an Dynamik hinter der Gemeinschaft zurücksteht. Die Gemeinschaftsverträge sind allen wohltönenden Absichtserklärungen in den Präambeln zum Hohn darauf ausgerichtet, der Wirtschaft der Mitgliedstaaten immer neue Märkte zu erschließen, und zwar bei möglichst geringen Gegenleistungen. Der handelspolitische Profit steht im Vordergrund und schlägt sich in immer größerem Wohlstand für die Gemeinschaft nieder unbeschadet der Tatsache, daß diese Wohlstandsmehrung innerhalb der Gemeinschaft höchst ungerecht verteilt wird.

140. Handelspolitische Vorteile müssen zwangsläufig zu Lasten der Handelspartner gehen, vor allem, wenn diese in so schwachen Positionen sind wie die Mehrzahl der Entwicklungsländer. Zwar fließen wertmäßig mehr Waren aus den Entwicklungsländern in die Industrieländer (1976 für rund 183 Milliarden Dollar) als umgekehrt (148 Milliarden Dollar),[75] aber diese Bilanz gibt in vielerlei Hinsicht ein

* Für mich sind Ausdrücke wie *Dritte* und gar *Vierte Welt* Zeichen unerträglicher westlicher Arroganz, denn einige dieser Länder waren schon hochentwickelte Kulturstaaten, als wir Europäer noch in Steinhöhlen hausten. Allerdings habe ich bisher keinen akzeptablen Ausdruck zur Umschreibung dieser Ländergruppen gefunden.

schiefes Bild. Sie wird einmal durch die riesigen Ölexporte einiger weniger Länder der Dritten Welt verfälscht, während sich die Mehrzahl der Entwicklungsländer immer höher verschuldet. 1973 hatten die 86 wichtigsten Entwicklungsländer 118 Milliarden Dollar Schulden,[76] exportierten im selben Jahr aber nur für 108 Milliarden Dollar Güter.[77] Zum anderen ist der Anteil der Dritten Welt trotz gestiegenen Wertes am Gesamtwelthandel in den Jahren 1960 bis 1973 auf der Exportseite von 21,3% auf 18,8% gesunken.[78] Das aber bestätigt die These: die reichen Länder nutzen die weltwirtschaftlichen Beziehungen immer mehr zum eigenen Vorteil, sie machen das Geschäft gewissermaßen unter sich aus, die Reichen werden immer reicher und die sowieso schon Armen haben das Nachsehen.

141. Aber nicht nur Umfang des Handels und Anteil am Welthandel sind für die Entwicklungsländer entscheidend. Ein weiterer Nachteil ergibt sich aus der ungünstigen Struktur dieses Handels: 80% aller Exporte der Entwicklungsländer bestehen in Rohstoffen! Alle entwicklungspolitischen Leistungen, auf die die Brüsseler Kommission immer wieder mit Stolz verweist, ändern an dieser Situation überhaupt nichts, auch nicht das exportstabilisierende Ausgleichssystem (STABEX) mit 52 Staaten im afrikanischen, karibischen und pazifischen Raum (die sogenannten AKP-Staaten), die dem *Abkommen von Lomé* beigetreten sind. Die Zahl klingt beachtlich, immerhin ein Drittel aller Entwicklungsländer, 29% der Gebiete, die üblicherweise zur Dritten Welt gezählt werden, darunter zwar einige der allerärmsten Gebiete, aber – von Nigeria abgesehen – nicht die bevölkerungsreichsten. Die Bevölkerung der Lomé-Staaten stellt nur knapp ein Zehntel der Bevölkerung dar, die in ständiger Not und Armut lebt – China nicht eingerechnet!

142. Das Abkommen von Lomé hat zwar punktuell den betroffenen Ländern Vorteile gebracht. Es hat aber an der Gesamtsituation nichts geändert. Im Gegenteil: das STABEX-System, solange die Struktur der Welthandelsbeziehungen *Rohstoffe gegen Fertigwaren* nicht grundlegend geändert wird, verfestigt sogar noch diese einseitige Struktur. Schließlich und endlich kommt die Gemeinschaft in den Verdacht, sich innerhalb der Dritten Welt eine *Hausmacht* zuzulegen und damit eine neue Form von Kolonialismus zu begründen. Denn oft wird bewußt übersehen, daß diese Form der entwicklungspolitischen Zusammenarbeit (besonders typisch für die Beziehungen zwischen den Vereinigten Staaten und Lateinamerika) in erster Linie den führenden, aber verschwindend kleinen Eliten dieser Länder zugute kommt, die – etwa als Repräsentanten der multinationalen Konzerne – am bestehenden Weltwirtschaftssystem partizipieren und bestenfalls Reformen zu ihrem Vorteil (Preisstabilisierung, Indexierung der Erlöse, Rohstofflagerhaltung) befürworten, nicht aber an einer grundlegenden Änderung des Weltwirtschaftssystems interessiert sind. Das hat der Verlauf der letzten Welthandelskonferenz (UNCTAD IV) überdeutlich gezeigt. Eine radikal neue Weltwirtschaftsordnung steht jedenfalls bis auf weiteres nicht zu befürchten – *leider* nicht zu befürchten, müßte man hinzufügen. Das alternative Modell besteht darin, der Dritten Welt beim Aufbau autonomer und auf die eigenen Binnenmärkte gerichteter Wirtschaftsstrukturen (das sogenannte System der *self-reliance*) zu helfen, was freilich nicht ohne Konsequenzen auf die wirtschaftliche Weiterentwicklung in der Gemeinschaft bleiben kann, worüber im letzten Teil dieses Bandes noch nachzudenken bleibt.

143. Alle vier Aspekte der Gemeinschaftspolitik, die in diesem Kapitel hervorgehoben wurden – *wirtschaftliche Entwicklung* in der Gemeinschaft, gemeinsame *Agrarpolitik*, *Beitritt weiterer Länder* und das *Verhältnis zur Dritten Welt* – machen deutlich, daß die wirtschaftliche *Teilintegration*, die – wie im Tindemans-Bericht ebenso wie im Spierenburg-Bericht betont wird – in sich noch unvollständig ist, etwa auf dem Gebiet der Währungspolitik, weiter der Erosion unterworfen sein wird, solange die inhaltlichen Zielsetzungen dieser Integration nicht verändert und zugleich die Bedingungen für eine umfassende europäische Einigung, wie immer man diese auch bezeichnen mag, geschaffen werden. Daran wird auch ein möglicher neuer konjunktureller Aufschwung nichts ändern. Er könnte höchstens die strukturellen Schwächen und Fehler der Gemeinschaft noch eine weitere Zeitlang verdecken. Wenn die politischen und wirtschaftlichen Krisen der vergangenen Jahre einen Vorteil hatten, dann den Vorteil, daß sie gerade diese Schwächen und Fehler aufgedeckt haben.

6. Kapitel

Letzte Freiräume verschwinden

Die geistigen Gemeinsamkeiten geben nichts mehr her

144. Bei der Analyse der Voraussetzungen und Bedingungen der europäischen Einigung darf man sich nicht auf die Beachtung wirtschaftlicher Daten und möglicher außenpolitischer Zwänge beschränken. Das Auseinanderklaffen von Wunsch und Wirklichkeit ist auch auf ganz anderen Gebieten festzustellen. Hier ein paar Beispiele:

145. *Die Beschwörung geistiger Gemeinsamkeiten (christliches Abendland, Wiege der modernen Gesellschaft, Gestaltung universaler Rechtsbegriffe und anderes mehr) hat sich als politisch völlig uninteresssant erwiesen – sowohl gegenüber den nationalen Regierungen wie auch gegenüber den Bevölkerungen.*

146. *Die gemeinsame Erfahrung der europäischen Völker aus zwei Weltkriegen, die die Gründung der Montanunion in hohem Maße bestimmte, ist heute nur sehr bedingt als Stimulanz für den europäischen Zusammenschluß einsetzbar. Die Generation der Dreißigjährigen, die in allen unseren Ländern bereits die Mehrheit bildet, weiß mit dieser Erfahrung nichts mehr anzufangen.*

147. *Freundschaft durch Austausch, insbesondere der Jugend und Verständigung durch Sprachenlernen ist eine Illusion. Heute wissen wir, daß der forcierte Jugendaustausch keineswegs Vorurteile abbaut, sondern in vielen Fällen bestehende Vorurteile verstärkt und neue Vorurteile schafft. Glanz und Elend des Deutsch-Französischen Jugendwerkes sind zur Genüge bekannt. Ähnliches gilt für den Massentourismus. Ein ganz neues Bild vom häßlichen Deutschen ist im Entstehen begriffen.*

148. *Freizügigkeit in Europa wurde zwar immer gefordert und auch ausgenutzt, war aber seitens der eingesessenen Öffentlichkeit nie wirklich populär. Das beweist die unbestreitbare Gastarbeiterfeindlichkeit in allen Gemeinschaftsländern, und zwar nicht erst seit der Massenarbeitslosigkeit.*

149. *Die Idee der Städtepartnerschaft hat sich als ein Schlag ins Wasser erwiesen. Nur in den seltensten Fällen haben sie sich als fruchtbar erwiesen. In den meisten Fällen ist den Einwohnern solcher Städte die Existenz von Partnerschaften mit anderen Städten unbekannt.*

150. Wir müssen deshalb systematisch der Frage nachgehen, wofür diese und viele andere Erscheinungen symptomatisch sind. Für Desinteresse? Für Überfütterung der Bürger, vor allem der Jugendlichen mit nicht eingelösten politischen Versprechen? Oder vielleicht auch für die bewußte oder unbewußte Erkenntnis anderer Prioritäten und Solidaritäten? Frage und Antwort weisen in den Bereich der Gesellschaftspolitik, die mehr als alles andere in Europa sträflich vernachlässigt wurde. Die *Union Europäischer Föderalisten,* die bei ihrer Gründung für ein sozialistisch-föderalistisches Konzept stritt, das damals noch manche christlichen Demokraten teilten, wurde bald von einer Europäischen Bewegung an den Rand gedrängt, die mehr oder weniger die regierungsamtlichen Konzepte unterstützte und der Problematisierung politischer Inhalte aus dem Wege ging. Die Gründe für diese Verweigerung liegen auf der Hand: zum Teil glaubten die Regierungen damals (und manche Regierungen glauben das heute noch, wie die Debatte über die Arbeitnehmermitbestimmung im Rahmen des Entwurfs für ein europäisches Gesellschaftsrecht/Europäische Aktiengesellschaft zeigt), daß die gesellschaftlichen Probleme Angelegenheit der Nationalstaaten seien, zum Teil sollten parteipolitische Auseinandersetzungen vermieden werden – mit einer Ausnahme: die europäische Union oder Gemeinschaft habe *antikommunistisch* zu sein! Das erlaubte eine vordergründige Geschlossenheit und führte zur Unterzeichnung der drei Gemeinschaftsverträge, begründete aber zugleich die entscheidende Schwäche der Gemeinschaft. Hinzu kam, daß die parteipolitische Konstellation im Westeuropa der fünfziger Jahre weitgehend christlich-demokratisch (Europa – christliches Abendland) bestimmt war, sozialdemokratische Europäer eine Feigenblattfunktion erfüllten und schon aus diesem Grunde die gesellschaftspolitische Auseinandersetzung nicht in Gang kam. Heute wissen wir zwar, daß sie unvermeidlich ist, dennoch wird sie nicht geführt, nach wie vor aus Sorge, daß dadurch der letzte Rest von Gemeinschaft zerstört werden könnte. Die Überlegung, daß man damit vielleicht die Gemeinschaft zu neuem Leben bringen könnte, wird nur selten angestellt.

151. Dieser offensichtliche Mangel an Dialog über Grundfragen menschlichen Zusammenlebens in Europa, die schließlich für die Bildung einer *Europäischen Union* von entscheidender Bedeutung sind, kontrastiert – auch wieder mehr als alles andere – zu den Einsichten in die Notwendigkeit eben dieser Auseinandersetzung. *europaforum*, also eine amtliche Publikation der Europäischen Kommission, das schon einmal in anderem Zusammenhang zitiert wurde,[79] hat dazu unter dem Stichwort „Die moralische Krise“ bemerkenswerte Feststellungen betroffen: „Der Preis für den Fortschritt: das Wirtschaftswachstum der Europäischen Gemeinschaft in den vergangenen Jahren hat zu einer neuen Lebensform geführt, die immer allgemeiner und natürlich vor allem bei der Jugend Protest auslöst. Diese zügellose ‚Konsumgesellschaft‘, deren Nebenerscheinungen Umweltverschmutzung und Verschwendung heißen, ist in der Tat um so inakzeptabler, als sie nicht verhindern konnte, daß es neben denen, die durch sie reich geworden sind, weiterhin Arme gibt, die sich immer weniger mit ihrer Armut abfinden wollen . . . Darüber hinaus erfordern Industrialisierung und Bildung städtischer Ballungsräume eine Beschleunigung des Lebensrhythmus, mit der unser Organismus nur schwer fertig wird. Die Riesenhaftigkeit der Städte und Gebäude hat zur Folge, daß der einzelne unter seinesgleichen in einer kaum erträglichen Isolation lebt. Die Folge davon sind Resignation oder Gewalttätigkeit, und oft wird sogar die gesamte traditionelle Wertskala unserer westeuropäischen Gesellschaft in Frage gestellt . . . Alles kommt zusammen: Wirtschaftskrise, soziale Krise, moralische Krise – wir sind weit entfernt von einfachen technischen Problemen, mit deren

Lösung wir Techniker beauftragen könnten. Die Europäische Gemeinschaft steht vor einer echten gesellschaftspolitischen Entscheidung. Die Bürger Europas, wir alle haben unser Wort mitzureden."

Im Gestrüpp von Bürokratie und Interessengerangel

152. Nicht weniger deutlich formuliert Adolf Kohler, Beamter des Europäischen Parlaments, dieses Defizit, wenn er sagt, daß „das jetzige Brüsseler Integrationsschema gegenüber gesamtgesellschaftlichen Impulsen absolut schottendicht" ist.[80] Weiter heißt es bei Kohler: „Es ist nach verheißungsvollen Ansätzen im Laufe der letzten Jahre zu einer Karikatur für den Leerlauf eines wirren Zusammenspiels von Technokratie, Bürokratie und materialistischer Wirtschaftslobby entartet." Und an anderer Stelle „Die *Herrschaftsstruktur* des Trios Technokratie, Bürokratie und Interessenverbandsgerangel, in Brüssel nur im nackten Teilaspekt und ohne politischen Überbau vorhanden, ist natürlich keineswegs geeignet, den politischen Enthusiasmus der Völker Europas herbeizuführen! Sie führt vielmehr infolge ihrer Undurchsichtigkeit zu einer *Gesellschaft des Mißtrauens.*"

153. Selbst die Staats- und Regierungschefs haben auf ihrem Pariser Gipfel im Oktober 1972 – übrigens auf Drängen von Willy Brandt – eine gewisse Einsicht erkennen lassen, indem sie in ihr Kommuniqué hineinschrieben, daß „die wirtschaftliche Expansion, die kein Selbstzweck ist, vorrangig dazu dienen (muß), die Unterschiede in den Lebensbedingungen zu verringen; die Expansion muß unter Mitwirkung aller Sozialpartner fortgeführt werden; sie muß ihren Niederschlag in einer Verbesserung der Lebensqualität und des Lebensstandards finden; europäischem Geiste gemäß wird den nicht-materiellen Werten und Gütern sowie dem Umweltschutz besondere Aufmerksamkeit gelten, damit der Fortschritt wirklich im Dienst des Menschen steht."[81]

154. Man geht nicht zu weit, wenn man diese Passage auch als Eingeständnis dafür nimmt, daß es diesen Fortschritt bisher nicht gegeben hat. Tindemans hält diese Erklärung für einen „Minimalkonsensus zwischen den demokratischen Kräften Europas über die Art der notwendigen Veränderungen. Dazu gehört eine neue Form des Wirtschaftswachstums, die der Lebensqualität und der menschlichen und natürlichen Umwelt stärker Rechnung trägt und wirtschaftliche und soziale Zielsetzung besser miteinander in Einklang bringt."[82]

155. Der Spierenburg-Bericht wiederum meint dazu: „Insbesondere Angehörige der jungen Generation bringen Fragen und Problemen dieser Welt wie dem gesellschaftlichen Emanzipationsprozeß, der Kontrolle der wirtschaftlichen Macht und der Würdigung der Menschenrechte mehr Interesse entgegen als der europäischen Integration, von der sich viele keinen Beitrag zur Verwirklichung ihrer Ideale versprechen."[83]

156. Gerade wenn man die europäische Einstellung der jungen Generation beobachtet, fällt der Widerspruch zwischen dem Desinteresse an der Integration einerseits und der Angleichung des äußeren, auch geistigen (freilich nicht materiellen) Lebensstiles der Jugendlichen in allen Ländern andererseits auf. In der Bundesrepublik kommt dieser Widerspruch um so schärfer zum Ausdruck, als hier die europäische Idee in der öffentlichen Darstellung maßlos überhöht wurde: konfrontiert mit der Realität mußte sich das zwangsläufig auf eine kritische Jugend negativ auswirken. So wird in der deutschen Sachbuchliteratur,* einschließlich der Schulbücher, die europäische Idee als ein an Utopie grenzendes Ideal dargestellt unter nahezu völliger Weglassung der Beschreibung europäischer Realität. Die Titel einiger Publikationen vermitteln davon einen Eindruck: *Der Raub der Europa – Eine Idee erobert Europa – Die Entführung der Europa – Europa: Traum oder Drohung – Europa als Wirklichkeit und Aufgabe – Über allen Nationen – Europa: Sammlung, Wandlung, neue Wege – Vom unerfüllten Europa – Europa: Vermächtnis und Verpflichtung – Europa: vom Mythos zur Wirklichkeit – Eine Idee setzt sich durch.*** *Europa-Gefasel* und *Europa-Bla-bla-bla* sind noch die mildesten Ausdrücke, die solche Titel (und meist entsprechen die Inhalte diesen Titeln) bei kritisch eingestellten Menschen hervorrufen. Die Kluft, die in dieser Weise bewußt zwischen dem Wünschenswerten und dem Machbaren aufgerissen wurde, geht in erster Linie zu Lasten der europäischen Verbände. Sie sollten der europäischen Bewußtseinsbildung dienen, haben aber auf Dauer das Gegenteil bewirkt. Bewußtseinsbildung sollte auf die Erfassung der Realitäten und auf die Kluft zwischen dem für Entfaltung und Zukunftssicherung der Menschen Notwendigen und den Unzulänglichkeiten der aktuellen Situationen abstellen, nicht aber einseitig nur ein Ideal propagieren.

157. Andererseits verzeichnen wir gerade bei der Jugend eine Angleichung der Lebensstile, der Alltagsangewohnheiten, in den Städten und auf dem Land (Osteuropa eingeschlossen), die sich als *Jeanskultur* durchgesetzt hat. Dieses Phänomen wird viel zu wenig beachtet und genutzt. Zum Teil wird – gerade auch im Erziehungswesen – versucht, dieser Kultur gegenüber das eigenständig Nationale und damit das Trennende zu betonen. Dieser Versuch ist insofern verhängnisvoll, weil verschiedene Ebenen in Verbindung gebracht werden. Die Jeanskultur, die Angleichung der Lebensstile spielt sich genau in den Bereichen ab, die sich aus der Entwicklung der modernen Gesellschaft ergeben, mit dem Schritt in das industriell-technologische Zeitalter. Sie ist also nicht in der nationalen Tradition gewachsen. Sie ist Ausdruck von Entwicklungen, die genau jene sind, denen der einzelne Staat gegenüber hilflos ist, und die wir mit der europäischen Integration in den Griff bekommen wollen.

* Nicht gemeint ist die wissenschaftliche Literatur, die an verschiedenen Stellen bereits zitiert wird.

** Ich gestehe freimütig zu, diese Liste um einen weiteren Titel bereichert zu haben: *Das grüne E setzt sich durch.*

Die gestohlene Individualität

158. Hier wird ein weiterer, vielleicht der fundamentalste Widerspruch der Bemühungen um europäische Zusammenarbeit sichtbar: während sich die Nationalstaaten verzweifelt und erfolglos mühen, die neuen gesellschaftlichen Entwicklungen, wie sie einerseits durch das industriell-technologische Zeitalter materiell und durch die Jeanskultur geistig gekennzeichnet sind, unter Kontrolle zu bringen, statt dies in und mit der Gemeinschaft zu versuchen, drängen viele Advokaten der europäischen Einigung, das zu *vergemeinschaften*, zu *integrieren*, zu *supranationalisieren*, was national gewachsen ist und durchaus national bleiben kann. Sie werden dadurch zu europäischen Reaktionären, sie besetzen letzte Freiräume, sie stehlen den Europäern Individualität.

159. Als übergreifendes und allein zukunftsweisendes Prinzip ist deshalb festzuhalten, daß es nicht das Ziel der europäischen Einigung sein darf, neue und zusätzliche *Staatlichkeit* herzustellen, sondern umgekehrt, die noch vorhandenen Freiräume in der westeuropäischen (vielleicht auch in der gesamteuropäischen) Gesellschaft zu erhalten und nach Möglichkeit wieder zu erweitern. Ich unterscheide bewußt *Freiraum* von *Spielraum*. Die Europäischen Gemeinschaften haben ohne Zweifel der Wirtschaft der beteiligten Staaten innerhalb wie außerhalb der Gemeinschaft mehr *Spielraum* geschaffen, sie haben *Freizügigkeit* bewirkt, sie haben aber zugleich Wirtschaftsliberalismus durch Bürokratismus verordnet und damit den Freiraum für Autonomie, die für den einzelnen ebenso wie für jedes Gemeinwesen genauso lebenswichtig wie wirtschaftliches Wachstum ist, erheblich verringert. Das ist der Kern der Galtung'schen Kritik an der Europäischen Gemeinschaft, die bisher noch kaum verstanden oder gar aufgenommen wurde.

160. Erhaltung und Erweiterung von Freiräumen zur Entfaltung von Individuen und Gemeinwesen erfordert von der politischen Praxis, daß sie zwar Rahmenbedingungen festlegt, aber auf Reglementierung im Detail verzichtet. Als Beispiel dafür seien die Konventionen des Europarates[84] oder auch der frühen OEEC erwähnt. Es ist heute fast in Vergessenheit geraten, daß die ersten Maßnahmen zur Wiederherstellung von Freizügigkeit in Europa nach dem Zweiten Weltkrieg vom Europarat verwirklicht wurden (Abschaffung der Visapflicht, gegenseitige Anerkennung von Diplomen, gegenseitige Rechtshilfe, Beginn einer gemeinsamen Rechtsentwicklung auf dem Gebiet der Menschenrechte und vieles andere mehr). Dadurch wurden in der Tat und für viele Menschen erkennbar *Freiräume* geschaffen, wie sie in Europa letztmalig vor 1914 bestanden hatten. Diese Konventionen entsprechen genau dem genannten Prinzip der Herstellung von Rahmenbedingungen unter Verzicht auf Detailregelungen. Zwar ist einzuräumen, daß die Konventionsmethode langwierig ist, weil sie erstens Einstimmigkeit aller Beteiligten und zweitens völkerrechtliche Ratifizierung durch die einzelnen Staaten erfordert. Inzwischen aber hat sich herausgestellt, daß die Verabschiedung von Verordnungen durch die Gemeinschaftsorgane auch nicht sehr viel schneller vonstatten geht und trotz Gemeinschaftsverträgen *de facto* der Einstimmigkeit aller Mitglieder bedarf und Entscheidungsprozessse erfordert, die einem Ratifizierungsverfahren sehr nahe kommen. Es kann sogar die Behauptung aufgestellt werden, daß die Europäische Kommission in Brüssel in vielen Fragen schneller zum Ziele gekommen wäre, wenn sie sich von vornherein auf diese Realität eingestellt hätte, die freilich im Widerspruch zum Wortlaut der Verträge steht.

Luft im Ei: 30000 Rechtsakte der Gemeinschaft

161. Aber auch ganz abgesehen vom Entscheidungsverfahren ist nicht einzusehen, warum tausende von Details (vor allem auf dem Agrarsektor) durch Verordnungen geregelt werden müssen. So sehr einheitliche Abmessungen, einheitliche Führerscheine, Versicherungskarten, Normen und Warenlisten einerseits die Freizügigkeit im Handel erleichtern, so sehr erschwert die Fülle der heute bestehenden Bestimmungen andererseits wieder den Handelsverkehr. Größere Unternehmen kommen ohne Experten für EG-Bestimmungen nicht mehr aus, kleinere Betriebe resignieren vor der Papierflut. Der Anfall an EG-Drucksachen im Deutschen Bundestag soll in manchen Wochen den Anfall an Drucksachen der Bundesregierung übertroffen haben. Dabei deckt die Gemeinschaft ja nur einen geringen Ausschnitt politischen Handelns ab, während der Bundestag immerhin die gesamte Breite gesetzgeberischer Tätigkeit umfaßt. Allein dieser Umstand läßt das Schlimmste für den Tag befürchten, an dem die Gemeinschaft für die Gesamtheit der Politik zuständig sein sollte. In dieser Hinsicht kann man nur sagen: Wehret den Anfängen!

162. Louis Janz erwähnt in seinem Jubelartikel, daß die Gemeinschaft seit ihrer Gründung fast 30000 (in Worten: dreißigtausend!) „Rechtsakte" erlassen habe, „die wie die nationalen Gesetze der Mitgliedstaaten unmittelbar anwendbar und auch vollstreckbar sind".[85] Oft erweisen sich neue Normen, wie die *EG-Flasche* oder die *EG-Dose* als neue Handelshemmnisse, weil die Wirtschaft sich nicht so schnell umstellen kann, wie die Verordnungen kommen. Adolf Kohler zitiert das Beispiel von der Verordnung über den freien *Verkehr von Frischeiern*, für die die *Größe der Luftblase in der Eierschale* festgelegt wurde.[86]

163. Im Rückblick ist festzustellen, daß die Gemeinschaft eben nicht vorhandene Freiräume erhalten hat, sondern mit einem großen Teil ihrer Maßnahmen genau dort angesetzt hat, wo in den nationalen Gesetzgebungen oft noch Freiräume vorhanden waren. Diese hat sie dann mit einer in der Geschichte – vom Sowjetbürokratismus abgesehen – einmaligen bürokratischen Systematik ausgefüllt und dabei eine uralte Erfahrung außer Acht gelassen, daß nämlich eine Regelung, je mehr sie sich im Detail verstrickt, andere Details übersieht und dadurch das Gegenteil dessen bewirken kann, was eigentlich beabsichtigt war: Klarheit, Gerechtigkeit, praktische Handhabung.*

* Der Präsident der Europa-Union Deutschland, Theo M. Loch, hat am 13. April 1978 in einem Vortrag anläßlich des 25jährigen Bestehens der Katholischen Nachrichtenagentur in Bonn die Kommission in Brüssel gegen den Bürokratismusvorwurf mit dem Argument in Schutz genommen, die nationalen Bürokratien seien auch nicht besser. Das erinnert mich an einen Kranken, der nur deshalb nichts gegen seine Krankheit unternimmt, weil andere Menschen auch krank sind.

164. Freiräume erhalten und erweitern bedeutet also zum einen den Verzicht der Kommission, alles und alles im Detail regeln zu wollen, und sich auf die Festlegung von Rahmenbedingungen zu beschränken. Zum anderen wäre sorgfältig zu prüfen, was wirklich gemeinschaftlich geregelt werden muß und was den Mitgliedstaaten und nachgeordneten Gemeinwesen überlassen bleiben kann und im Interesse des Menschen überlassen werden muß. Eine solche Durchforstung ist auch für die bereits verabschiedeten und in Kraft getretenen Verordnungen auf dem Gebiet der Wirtschafts-, Handels- und vor allem Agrarpolitik dringend erforderlich. Die Reduzierung der bestehenden EG-Bestimmungen auf ein paar Dutzend überschaubarer und leicht handhabbarer Rahmenverordnungen würde mit einem Schlag eine Fülle von Vorurteilen abbauen und damit neue Ansätze wesentlich erleichtern. Ohne daß neue Grundsatzbeschlüsse vom Ministerrat zu billigen wären, könnte die Kommission in Brüssel konstruktive Arbeit leisten und der Beamtenapparat wäre für eine längere Periode sinnvoll ausgelastet.

Strukturelle Gewalt in Brüssel

165. Man muß sich allerdings fragen, ob die Kommission überhaupt in der Lage ist, sich selbst zu regenerieren, und ob die Brüsseler Bürokratie – unterstellt, sie würde den Auftrag zur Realisierung der genannten Vorschläge erhalten – bereit und fähig wäre, diesen Auftrag durchzuführen. Eine Apparat, wie er in Brüssel entstanden ist, entwickelt seine eigene Gesetzmäßigkeit. Vergleichsweise sei daran erinnert, in wie hohem Maße die höhere und mittlere Beamtenschaft in den Bundesministerien Reformen behindern und verhindern konnte. Dabei muß nicht unbedingt individuelle Absicht zugrunde liegen, zum Teil erklärt sich dieses (nicht nur in der Bundesrepublik zu beobachtende) Phänomen aus Strukturen, deren Wirken mit unter den Galtung'schen Begriff der *strukturellen Gewalt* eingereiht werden muß. Die von Tindemans geforderte *Verstärkung des institutionellen Apparates* ist in Hinblick auf den nicht von der Gemeinschaft abgedeckten Bereich der politischen Zusammenarbeit zwar berechtigt, hat aber nur einen Sinn, wenn garantiert wird, daß ein solcher Apparat nicht erneut in eine Superbürokratie auswuchert. Eine gewisse Garantie wäre bereits gegeben, wenn es gleichzeitig, besser noch vorab gelänge, den Brüsseler Apparat zu reduzieren.

166. Freiraum erhalten und erweitern heißt aber vor allem, gemeinsam nach Möglichkeiten und Lösungen zu suchen, dem Bürger ein Höchstmaß an Zukunftssicherung, Autonomie und Freiheit zu gewährleisten. Die unstrittige Tatsache, daß die mittleren und kleineren Nationalstaaten dies aus eigener Kraft nicht gewährleisten können und daß deshalb auf europäischer Ebene Probleme und Konflikte in Zusammenhang mit Umweltverschmutzung, Freizeitgesellschaft, struktureller Arbeitslosigkeit (also jener Form von Arbeitslosigkeit, die unabhängig vom Konjunkturverlauf entsteht) *angepackt* werden müssen, führt zu dem gefährlichen Trugschluß, diese Konflikte könnten und müßten folglich auch auf europäischer Ebene *geregelt* werden. Es geht vielmehr darum, durch Abstimmung auf europäischer Ebene Freiräume für die bürgernahen Gemeinwesen zu schaffen. Anders ausgedrückt: *jeder Verlagerung von Problemlösungen auf die europäische Gemeinschaftsebene muß eine Stärkung der regionalen und kommunalen Autonomie entsprechen.* Geschieht dies nicht, so wird es nicht zu europäischen Gemeinschaftslösungen kommen, weil diesen dann zwangsläufig die Tendenz zur europäischen Zentralbürokratie innewohnen würde, die zu recht Regierungen und Öffentlichkeit abschreckt.

167. Freiraum als Ausdruck von Autonomie darf nicht durch den engen Begriff der Freizügigkeit ersetzt werden. Wenn der Gemeinsame Markt mit seiner Freizügigkeit zur Verelendung weiter Teile Italiens beiträgt, riesige Binnenwanderungen auslöst und wirtschaftliche Konzentration auf die Rheinschiene bedeutet, dann hat das mit Freiheit wenig oder nichts zu tun. Dies läßt sich allein schon durch die Überlegung erhellen, daß die übergroße Mehrheit der Gastarbeiter zwar dank der EG-Freizügigkeit ihren Arbeitsplatz außerhalb ihres Heimatlandes suchen, dies aber mit Sicherheit *nicht freiwillig* tun, sondern unter dem Druck der Verhältnisse – erneut eine Form struktureller Gewalt, die genau das Gegenteil von Freiheit und Autonomie ist. Hier wird deutlich, daß es auch ohne gemeinsame Agrarpolitik für die Bundesrepublik eine Existenzfrage ist, durch Finanzausgleich für die Erhaltung oder gar Wiederherstellung von Autonomie in unseren Nachbarstaaten beizutragen.

Der freie Markt: wo ist er geblieben?

168. Die Gemeinschaft sollte sich folglich in einer Weise umorientieren, daß nicht der wirtschaftliche Vorteil, sondern die langfristige Zukunftssicherung unserer Gesellschaft Ziel und Aufgabe bestimmen. Statt auf Maximierung von Produktivität, Export und Profit bedacht zu sein (das kann und soll den einzelnen Wirtschaftsunternehmen unbenommen bleiben), sollten die Gemeinschaft und die Kommission in erster Linie darauf achten, daß auf Gemeinschaftsebene ein regionaler und sozialer Lastenausgleich stattfindet und weltweit ein verstärkter Beitrag zur sozialen Gerechtigkeit, Ressourcenverteilung und Wirtschaftsdemokratie geleistet wird. Es sollte also nicht länger um die Erschließung neuer Märkte um jeden Preis gehen, sondern um die Ergänzung der marktwirtschaftlichen Mechanismen in den Bereichen, in denen der freie Markt nicht greift: Aufbau von Infrastrukturen, Ressourcenausgleich. Der Reichtum eines Landes an bestimmten lebensnotwendigen Ressourcen – z. B. Erdöl – kann und darf nicht dazu führen, daß über diesen Reichtum wie über privates Eigentum verfügt wird; solche lebenswichtigen Ressourcen – wie ungerecht auch immer sie verteilt sein mögen – gehören der gesamten Menschheit und nicht nur einem Land oder gar nur einer kleinen Gruppe von Personen! *Verteilungsgerechtigkeit* erfordert zwingend eine gewisse Investitionslenkung. Den Gruppen, die für das unverfälschte Prinzip eines freien Weltmarktes eintreten, sollte klargemacht werden, daß es diesen freien Markt überhaupt nicht gibt. Auch dort, wo er angeblich vorhanden ist, wird er durch *Monopolstellungen* (multinationale Konzerne) und *Preismanipulationen* (Agrarmarktordnungen) und unzählige sogenannte *nichttarifäre Handelshemmnisse* verfälscht und ausgehöhlt. Letztlich ist ein freier Markt, der durchaus ein anzustrebendes Ziel bleibt, nur unter einigermaßen gleichen Partnern möglich. Schon aus diesem Grunde ist eine Politik, die vorgibt, nach marktwirtschaftlichen Prinzipien vorzugehen (und das ist nach wie vor vertraglich vereinbartes Ziel der Europäischen Gemeinschaft), unglaubwürdig und zum Scheitern verurteilt.

169. Damit stellt sich der Gemeinschaft eine weitere und entscheidende Aufgabe: den Mitgliedstaaten zu helfen, ihre wirtschaftlichen Probleme bei verringertem Wachstum und unter Verzicht auf Expansion zu lösen. Auch wenn nach wie vor behauptet wird, daß unser eigener Lebensstandard nur zu halten sei und der Lebensstandard in der Dritten Welt nur anzuheben sei, wenn Wachstum und Expansion garantiert werden, gilt die eherne Regel, daß Expansion bei begrenzten Ressourcen nur zu Lasten Dritter möglich ist, so wie Handelsbeziehungen zwischen extrem ungleichen Partnern zur Verstärkung von Abhängigkeiten und Festschreibung von Unterentwicklung führen und nicht zu Angleichung und Ausgleich. Das gilt ja auch innerhalb hochentwickelter Wirtschaften, wie beispielsweise in der Bundesrepublik, wo regionale Konzentrationsprozesse in Industrie und Handel zum Alltag gehören, nur sorgen in diesen Fällen staatliche und gewerkschaftliche Mechanismen (Steuerpolitik, Lohnpolitik, Subventionen, Kindergeld, andere Ausgleichsmaßnahmen) für eine einigermaßen angemessene Sozial- und Verteilungsgerechtigkeit, Mechanismen, die es im internationalen Bereich noch nicht gibt; oder wenn es sie gibt (Zinserleichterungen, Kapitalhilfen, Stützpreise), haben sie bestenfalls die Wirkung des Tropfens auf den heißen Stein.

170. Gelingt es der Gemeinschaft nicht, ihre Politik in diesem Sinne umzuorientieren, dann wird sie sich zunehmend als ein Faktor erweisen, der die Kluft zwischen reich und arm erweitert, statt diese zu schließen. Dann ist auch ihre weitere Erosion unaufhaltbar, weil es erst zum Protest der benachteiligten Regionen in der Gemeinschaft und dann zum Protest der Dritten Welt kommen wird.

7. Kapitel

Der Ausweg: neue Ziele und neue Wege

Neue Prioritäten: Regional- und Entwicklungspolitik

171. Alle bisherigen Überlegungen führen zwingend zu dem Schluß, daß es für die Gemeinschaft zwei entscheidende Prioritäten gibt: *Regionalpolitik* und *Entwicklungspolitik*, die zugleich die wichtigsten Komponenten einer zukunftsweisenden Gesellschaftspolitik sind. Alle weiteren Probleme – Währungseinheit, gemeinsame Außenpolitik, gemeinsame Verteidigung werden nur lösbar sein, wenn sie in diese gesellschaftliche Zielsetzung eingeordnet werden. Unter den vielen Fragen, die dazu gemeinsam geprüft und gemeinsam gelöst werden müssen, wären beispielsweise zu nennen:

- *Wie können bei begrenzten Ressourcen und vermindertem Wachstum dennoch bei uns Arbeitsplätze gesichert und in Entwicklungsgebieten bzw. -ländern Arbeitsplätze geschaffen werden?*
- *Wie kann Technologie verstärkt zur Problemlösung* (z. B. Ersatz für erschöpfte Rohstoffe, Herstellung umweltschonender Energie und Minderung der Umweltverschmutzung) *und nicht nur zur Rationalisierung mit der Folge von Arbeitsplatzverringerung und in Entwicklungsländern sogar im Gegenteil zur Schaffung von Arbeitsplätzen eingesetzt werden?*
- *Welche Rolle kommt der öffentlichen Hand im Investitionsbereich* (Aufbau von Infrastrukturen, Umweltschutz, Sicherung der Energieversorgung, Erschließung neuer Energiequellen, soziale Sicherung, Gesundheitsfürsorge, Freizeitgestaltung) *zu, welche nationalen und transnationalen gemeinwirtschaftlichen Unternehmensformen müssen zu diesem Zwecke entwickelt werden?*

172. Die Landwirtschaft beispielsweise wird künftig wesentliche Aufgaben des Umweltschutzes übernehmen müssen. Brachliegende Felder, auf denen sich Fruchtanbau nicht mehr lohnt, müssen aufgeforstet oder zumindest kulturfähig erhalten werden. Sie dürfen nicht dem Raubbau der Industrie oder des Wohnungsbaus überlassen werden. Die Landwirte werden damit Dienstleistungsfunktionen erfüllen, für die sie von der Gesellschaft wie andere Dienstleistungsbetriebe – zum Beispiel Wasserversorgung – angemessen bezahlt werden müssen, und zwar über die Steuern der Gesamtbevölkerung, denn der einzelne kann sich eben nicht eine Kläranlage oder ein Stück Wald als Sauerstoffproduzent kaufen, so wie er sich einen Kühlschrank oder ein Möbelstück zulegt. Aber reines Wasser und gute Luft sind nicht weniger lebenswichtige Konsumgüter wie Nahrungsmittel, Kleidung und Einrichtungsgegenstände auch. Gleichzeitig muß die Gemeinschaft, so wie sie vor 25 Jahren erst für eine gerechte Verteilung knapper Kohle und dann für eine gerechte Verteilung der Zechenstillegungen gesorgt hat, auch heute für eine ausgewogene Energiepolitik sorgen und dabei über die Grenzen hinweg das heiße Problem der Atomkraft anpacken.

173. Europäische Gesellschaftspolitik bedeutet nicht, daß in allen Mitgliedsländern ein- und dasselbe Sozialsystem eingeführt werden muß. Wohl aber muß die Gemeinschaft sorgen, daß ein Land durch eine bestimmte Sozialpolitik nicht ungerechtfertigte Vorteile gegenüber den Partnern gewinnt. Jedes Land muß darüber hinaus ernsthaft prüfen, welche Sozialsysteme in den vergangenen dreißig Jahren sich am besten bewährt haben. Mit Sicherheit wird das nicht ein bestimmtes geschlossenes nationales System sein, vielmehr können alle Länder sozialpolitische Elemente vorweisen, die sich mehr als andere bewähren. Im übrigen hat sich gezeigt, daß Länder mit vergleichbarem Entwicklungsstand auch vergleichbare Steuer- und Soziallastquoten erreichen.

174. Im vorangegangenen Kapitel wurde erwähnt, daß innerhalb der einzelnen Staaten ein permanenter Lastenausgleich zwischen reicheren und ärmeren Regionen, aber auch zwischen den einzelnen Einkommens- und Lohngruppen über steuerliche Maßnahmen oder im Falle der deutschen Bundesländer durch einen Finanzausgleich erfolgt. Auch Tindemans erinnert in seinem Bericht daran, daß „die Verteilung der Früchte des Wirtschaftswohlstandes über Steuern, Sozialversicherung und öffentliche Investitionen im wesentlichen immer noch Sache der Staaten (bleibt), die den – je nach Land verschiedenen – Traditionen und tatsächlichen Verhältnissen Rechnungen tragen.“[87] Nichts läge näher, als eine solche Ausgleichspolitik für die Gemeinschaft insgesamt zu betreiben.

Europa wird noch viel mehr Geld brauchen

175. Roy Jenkins, der Präsident der Europäischen Kommission, hat den Mut gehabt, gerade in der jetzigen krisenreichen Zeit, diese Überlegung aufzugreifen. Gestützt auf die Untersuchungen einer unabhängigen Wissenschaftlergruppe kommt er zu dem Schluß, daß die Gemeinschaft ihr Finanzvolumen, das heute rund 1% des Bruttosozialproduktes der Gemeinschaft ausmacht, allmählich über 2% und 2,5% auf 5%–7% des Bruttosozialproduktes steigern müßte, um auf Gemeinschaftsebene die entsprechenden wirtschaftlichen, sozialen und regionalen Ausgleichsmaßnahmen realisieren zu können.[88] Zum besseren Verständnis, um welche Finanzmassen es sich handelt, seien hier die absoluten Beträge genannt. Die Gemeinschaft hat im Jahr 1975 3277 Milliarden DM erwirtschaftet. Der Gemeinschaftshaushalt belief sich auf 32 Milliarden DM. Der Haushalt der Bundesrepublik belief sich im gleichen Jahr auf 156 Milliarden DM. Eine Verfünffachung des Gemeinschaftshaushaltes würde mit 160 Milliarden DM in etwa dem Bundeshaushalt gleichkommen. Da die Sozial- und Wohlfahrtsaufwendungen der meisten Gemeinschaftsländer 25% des Bruttosozialproduktes erreichen, bliebe immer noch die entscheidende Verfügungsmasse bei den einzelnen Mitgliedsländern.

176. Die Bewegung einer so ungeheuren Finanzmasse setzt natürlich die Zustimmung aller Mitgliedstaaten voraus. Sie setzt auch eine gemeinsame Währungspolitik voraus. Sie setzt schließlich einen effizienten Apparat voraus – letztlich so etwas wie eine europäische Regierung. Roy Jenkins ist sich aller dieser Schwierigkeiten bewußt. Die Mitglieder sind jedoch auf absehbare Zeit weder gewillt, eine gemeinsame Währung zu schaffen, noch bereit, eine europäische Regierung einzusetzen und ihre nationale Entscheidungsgewalt einer solchen Regierung unterzuordnen. Jenkins will deshalb ohne solche Instrumente auskommen. Er schlägt für die Gemeinschaft „ein neues und realistisches Modell für eine weitestgehend dezentralisierte Währungsunion vor, in der die öffentliche Beschaffung von Gütern und Leistungen überwiegend durch nationale, regionale und andere Stellen erfolgt. Das öffentliche Finanzwesen einer solchen Gemeinschaft bliebe auf einige entscheidende Arten finanzieller Übertragungen beschränkt, die in für die Gemeinschaft besonders wichtigen Bereichen Sonderaufgaben zu erfüllen haben, und würde für den Fluß der Mittel sorgen, die zur Erhaltung der Währungsunion erforderlich sind. Es wird daher nur eine recht kleine zentrale Bürokratie gebraucht, eine Tatsache, die wir wohl alle als Vorteil werten würden."

177. Jenkins versucht sich an der Quadratur des Kreises. Pläne zur Schaffung einer politischen Union gab es in Hülle und Fülle, Pläne zur Schaffung einer Währungsunion desgleichen, zuletzt auf Veranlassung der Staats- und Regierungschefs 1970 den sogenannten *Werner-Plan*, genannt nach dem Luxemburger Außenminister, der freilich der Dollarkrise zum Opfer fiel. Aber auch ohne diese Krise waren ihm nicht viel Chancen gegeben, denn Politische Union und Europäische Währung bedingen einander, das heißt, man kann das eine ohne das andere nicht haben. Jenkins glaubt an Zwischenlösungen, die der europäischen Situation angemessen sind: „Das föderative Modell ist selbstverständlich nur eine der zahlreichen Möglichkeiten für Regierungsarbeit auf mehreren Ebenen. Einige unterstützen das föderative Modell, andere tendieren eher zu einem konföderativen Zusammenschluß; andere wieder lehnen beide Modelle ab. Ich selbst glaube, daß die Gemeinschaft ihr eigenes System erarbeiten muß und daß dieses wahrscheinlich mit keinem der bestehenden Prototypen übereinstimmt. Wir müssen an den Aufbau Europas herangehen, indem wir von unseren Nationalstaaten, den Staaten des späten zwanzigsten Jahrhunderts ausgehen. Wir dürfen der Gemeinschaft nur Aufgaben zuweisen, die mit Sicherheit bedeutend bessere Ergebnisse erbringen, wenn sie auf Gemeinschaftsebene wahrgenommen werden. Wir müssen eine Gemeinschaft formen, die jedem Mitgliedstaat die Vorteile der Errungenschaften zukommen läßt, die die Staaten allein nicht erzielen können. Daneben müssen wir den Mitgliedstaaten Funktionen belassen, die sie ebenso gut oder besser allein erfüllen können."[89]

178. Nach diesem Plan bleibt die Frage, ob das künftige Europa eine Föderation, eine Konföderation oder nur eine zwischenstaatliche Gemeinschaft – eine Union – sein wird, völlig offen. Die vorhandenen Gemeinschaften sollten ihren föderativen Kern erhalten, aber ähnlich wie bei der Europäischen Politischen Zusammenarbeit durch parallel laufende zwischenstaatliche Kooperationen ergänzt werden. Innerhalb dieser Kooperationen findet allmählich eine *Bündelung von Interessen* und *Verdichtung von Entscheidungen* statt, die formal und rechtlich noch immer in der Souveränität der Mitgliedstaaten bleiben. Ob diese *Bündelung von Souveräni-*

täten eines Tages über die *gemeinsame Ausübung von Souveränitäten* zur *Übertragung von Souveränitäten* führt und ob aus Sekretariaten gemeinsame unabhängige Institutionen werden, braucht heute nicht geklärt zu werden: „Der Abstand zwischen der gegenwärtigen Situation und einer europäischen Föderation ist so groß, daß noch reichlich Raum für Zwischenlösungen vorhanden ist, die verschiedene Entwicklungsmöglichkeiten offenlassen" (Spierenburg-Bericht).[90]

Politik und Phantasie: Parallele Instrument

179. In einem Beitrag *Das extranationale Europa* hat *John Pinder* kürzlich im Detail beschrieben, wie ein solches Mischsystem aussehen könnte.[91] Er geht von der unfruchtbaren Konfrontation zwischen der „intergouvernementalen und der supranationalen Methode" aus. Die supranationale Methode habe kaum Aussicht akzeptiert zu werden, so meint Pinder, und die einfache „Koordinierung der nationalen Politiken" habe sich als Illusion erwiesen. Er hat nun festgestellt, daß in der Praxis schon lange Zwischenlösungen angewandt werden. Als es sich, vor allem nach dem Beitritt Großbritanniens gezeigt habe, daß das Gemeinschaftsrecht nicht einfach an die Stelle festgefügten nationalen Rechts treten könne, habe das dänische Kommissionsmitglied *Finn Gundelach* gewissermaßen das Ei des Kolumbus gefunden und mit der Gemeinschaftsrechtsetzung eine *konkurrierende Rechtsetzung* in Gang gesetzt, also neben die neun nationalen Rechtsetzungen eine *zehnte* Rechtsetzung, „ohne daß die Gesetze der Mitgliedstaaten *nachgeben* müssen . . . Die bestehenden nationalen Regelungen wurden nicht abgeschafft und auch nicht der Gemeinschaftsregelung untergeordnet." Die Mitgliedstaaten haben lediglich darauf zu achten, daß sie bestehendes Gemeinschaftsrecht nicht verletzen.

180. Pinder verweist auf eine ganze Reihe solcher paralleler Gemeinschaftsrechtsetzungen, für die die *konkurrierende Gesetzgebung*, wie sie im Grundgesetz der Bundesrepublik Deutschland für Bund und Länder vorgesehen ist, sicher ein Modell war. Die soeben in Kraft getretene Regelung, daß die Gemeinschaft über einen bestimmten Prozentsatz bis zu 1% der Mehrwertsteuer, die in den einzelnen Mitgliedsländern erhoben wird, beanspruchen kann, beeinträchtigt beispielsweise nicht das Recht der Mitglieder, die Gesamthöhe ihres nationalen Mehrwertsteuersatzes zu bestimmen. Der *Ausrichtungsfonds* der Gemeinschaft für die Landwirtschaft arbeitet *parallel* zu den landwirtschaftlichen Hilfen, die von den einzelnen Regierungen nach wie vor ihren Landwirten gegeben werden. Ähnliche *parallele* Regelungen sind auch im Bereich der Regionalpolitik selbstverständlich. Sie können auch in anderen Bereichen wirksam eingesetzt werden, beispielsweise hinsichtlich des Umweltschutzes, wo die Gemeinschaft bestimmte Normen festlegt, was die Länder nicht hindert, weitere und vor allem weitergehende Normen festzusetzen. Bei der Bekämpfung der Arbeitslosigkeit kommt es in erster Linie darauf an, daß in allen Ländern das gleiche Prinzip befolgt wird, also Investitionen oder Verkürzung der Arbeitszeit oder beides, um zu verhindern, daß sich ein Land durch Festlegung auf einen bestimmten Kurs Vorteile gegenüber anderen verschafft. Interne Regelungen dagegen, etwa Art und Weise der Arbeitslosenversicherung und -hilfe, blieben weiterhin in das Ermessen der einzelnen Länder gestellt.

181. Besonders geeignet scheint dieses System für den Bereich der Währungspolitik. Kein Mitgliedsland wagt vorauszusagen, welche Auswirkungen die Umstellung auf eine gemeinsame Währung haben würde. Müßten die Deutschen fürchten, daß ihre Preisstabilität verloren geht? Müßten die Engländer Sorge haben, daß sich die Zahl ihrer Arbeitslosen verdoppeln würde? Die vier Gemeinschaftsfonds – Sozialfonds, Agrarfonds, Investitionsfonds, Regionalfonds – sowie die Europäische Investitionsbank sind im Ansatz bereits solche *Parallelinstrumente*, wie sie sich Pinder vorstellt. Sie können ohne jede institutionelle Maßnahme durch die verstärkte Anwendung der neuen autonomen Europäischen Rechnungseinheit ERE ausgeweitet werden. Handelsverträge, ja auch einzelne Lieferverträge können durchaus in ERE abgeschlossen werden, wodurch eine gewisse Sicherung gegen die schwankenden Kurse innerhalb der Gemeinschaft eintreten würde. Die ERE wirkt wie ein Investmentfonds, sie ist ein Währungskorb der einzelnen Gemeinschaftswährungen. Wenn weiter die Möglichkeit der Aufnahme von Gemeinschaftsanleihen, also die Anlage von Geldern in dieser nur auf Konten geführten Europäischen Währung, zügig genutzt wird, käme man der gemeinsamen Währung wieder ein Stück näher. Desgleichen kann das vorhandene System der nationalen Zentralbanken bereits als eine Art stark dezentralisiertes europäisches Zentralbanksystem angesehen werden.

182. Wichtig ist die Frage, wer über diese Parallelinstrumente verfügt. In der Tat wäre es sinnvoll, die Kommission bzw. vorhandene Gemeinschaftsinstitutionen damit zu beauftragen. Das bedeutet, daß die Kommission in diesen Bereichen nicht als unabhängige Institution wie im Bereich der Vertragsgemeinschaft handeln dürfte, sondern als Gewährsträger und Exekutive der Regierungen, die ihrerseits im Rat – wie schon bisher, aber in noch stärkerem Maße – teils als Gemeinschaftsorgan, wenn sie Vertragsrecht anwenden, teils als zwischenstaatliche Konferenz, wenn sie über die Parallelinstrumente beschließen, tagen. Eine Trennung von den Gemeinschaftsinstitutionen würde die Wirksamkeit solcher neuen Instrumente wesentlich behindern. Diese Überlegungen kommen der weiter vorn erhobenen Forderung, die Gemeinschaft solle sich auf Rahmengesetze beschränken und die Detailreglementierungen den nationalen Regierungen und nachgeordneten Gemeinwesen überlassen, sehr nahe. Die Möglichkeiten institutioneller Regelungen, ohne gleich die Frage nach *Föderation oder Union* zu stellen, sind also noch lange nicht ausgereizt. Jedenfalls ist Jenkins mit seinem pragmatischen Ansatz dem Möglichen näher als Tindemans, der in seinem Bericht nach wie vor alles Heil in der *einen Autorität* erblickt.

183. Auch die schon weiter vorn beschriebene *Europäische Politische Zusammenarbeit* stützt sich auf ganz ähnliche Überlegungen. Otto von der Gablentz, der im Auswärtigen Amt für die EPZ zuständig ist, warnt davor, schon jetzt von einer *gemeinschaftlichen Außenpolitik* zu sprechen und schlägt dafür den Ausdruck *gebündelte Außenpolitik* vor.[92] Immerhin gibt es in diesem Bereich beträchtliche

Unterschiede zur Entwicklung gemeinsamer wirtschafts- und währungspolitischer Instrumente. Im Bereich von Wirtschaft und Währung leistet der Brüsseler Apparat – wie immer man auch zur Bürokratie und Technokratie der Kommission stehen mag – in jedem Fall wertvolle Zuarbeit. Der wirtschaftliche und währungspolitische Druck von innen und außen ist relativ homogen und dürfte zur Verdichtung der oben beschriebenen Parallelinstrumente beitragen, vor allem wenn es zu einer Erhöhung der Finanzmasse der Gemeinschaft kommen sollte. Etwas Vergleichbares gibt es im Bereich der EPZ nicht. Einerseits reicht der Gesamtkomplex der Außenwirtschaftsbeziehungen dafür nicht aus, andererseits erinnert von der Gablentz daran, daß „die Organisation von halbjährlich bis zu achtzig Treffen (auf EPZ-Ebene) langsam die zumutbare Belastungsgrenze der Präsidentschaft erreicht".[93] Auch hier könnte, so meint von der Gablentz, die Infrastruktur der Kommission in Brüssel genutzt werden, doch hat diese wiederum keinen weltweiten diplomatischen Apparat.

184. Vor allem schlagen in der Außenpolitik die heterogenen Interessen der Mitgliedsländer ebenso wie der Partner außerhalb der Gemeinschaft sehr viel stärker als im wirtschaftlichen Bereich durch. Die These vom Problemdruck, der die Mitgliedsländer auch in der Außenpolitik zwangsläufig *zusammenschweißen* werde, hat sich noch nie bewahrheitet. Das Vorhandensein eines Zwanges bedeutet keineswegs automatisch die Lösung eines Konflikts und verstärkte Zusammenarbeit. Auch das Gegenteil kann die Folge sein: Rückzug in die Isolierung, Entfremdung vom bisherigen Partner. Vor allem aber bedeutet die erfolgreiche und gemeinsame Lösung eines Konfliktes noch lange nicht, daß eine einmal erfolgreiche Lösung zum Modell weiterer Kooperationen wird. Auch hier kann das Gegenteil nach der alten Erfahrung eintreten: Problem geregelt – Zusammenarbeit beendet! So war beispielsweise das einvernehmliche Handeln der Neun während der Verhandlungen über die Schlußakte der Konferenz für Sicherheit und Zusammenarbeit in Europa (KSZE) entgegen aller Erwartung keine Garantie für weiteres einvernehmliches Handeln am Ende der Belgrader Überprüfungskonferenz, als Frankreich zur allgemeinen Überraschung in letzter Minute einen eigenen, mit den Partnern nicht abgestimmten Entwurf für das Schlußkommuniqué vorlegte.

185. Diese Form politischer Zusammenarbeit hätte man freilich schon 1960 haben können, wenn die Regierungen auf den damals von General de Gaulle vorgelegten *Fouchetplan* zur Schaffung eines *Politischen Sekretariats* (vgl. 35, 108) eingegangen wären. Die damalige Sorge, die zur Ablehnung dieses Planes führte, daß nämlich damit die Kompetenz der Gemeinschaftsinstitutionen ausgehöhlt worden wäre, ist nach wie vor gegeben, auch wenn heute Frankreichs Staatspräsident *Valéry Giscard d'Estaing* heißt.* Mit dieser Sorge werden wir auch weiterhin leben

* Es kann hier nicht ausführlich auf die heute bereits historischen Umstände des Scheiterns des *Fouchetplans* eingegangen werden. Ich vertrete nach wie vor die Ansicht, daß die Verweigerung des *Politischen Sekretariats* ein schwerwiegender Fehler war. Mit Sicherheit hat sie in der Folge der Gemeinschaftsentwicklung mehr geschadet, als dies das Sekretariat vermocht hätte. Zumindest hatte die Blockierung der Mehrheitsbeschlußfassung im Rat, die de Gaulle daraufhin erzwang und die noch heute besteht, erhebliche negative Auswirkungen auf die Gemeinschaftspolitik.

müssen und zu Recht wurde bereits auf jene Passage im Spierenburg-Bericht verwiesen, in der es heißt, daß „vorläufig nur die nationalen Regierungen ... Autorität besitzen und die politischen Entscheidungen in den Gemeinschaften vorläufig nur daraus hergeleitet werden können, daß sie gemeinsame Entscheidungen der Regierungen sind“.[94] Das bestätigt Werner von Simson, Staatsrechtler in Freiburg und seit vielen Jahren als Anwalt am Gerichtshof der Gemeinschaften in Luxemburg tätig, der darauf hinweist, daß die Gemeinschaften (etwa im Unterschied zur föderativen Verfassung der Bundesrepublik) „weder Autoren ihrer eigenen Verfassung noch kontrahierende Parteien der Verträge, denen sie ihre Entstehung verdanken (sind)“.[95] Er weist dies unter anderem an der Tatsache nach, daß „schon nach der eigenen Satzung die Gemeinschaften durch übereinstimmenden Beschluß ihrer Mitgliedstaaten aufgehoben werden können“ und daß „die politische Betrachtung lehrt, daß auch ein einzelner Mitgliedstaat, jedenfalls einer der großen, sie durch Verweigerung weiterer Mitarbeit aufheben könnte“.[96]

NATO und Dollar: Die Sache mit den Amerikanern

186. Zum Glück ist heute die Tendenz, die politische Zusammenarbeit im allgemeinen und die außenpolitische im besonderen mit einer Vorentscheidung über institutionelle Regelungen zu belasten, nicht mehr in dem Maße vorherrschend, wie sie es in den sechziger Jahren noch war. Der Tindemans-Bericht dürfte unter anderem auch deshalb in den Schubladen der Regierungen klanglos verschwunden sein, weil er solche Regelungen noch einmal im Stile der frühen Integrationsjahre zu einer entscheidenden Vorfrage zu machen versuchte, in dem er „neue Autorität“, die „Schaffung eines gemeinsamen Entscheidungszentrums“ oder die „Verstärkung des institutionellen gemeinschaftlichen Apparates“ fordert und die Rückkehr zu den (allerdings im Vertragstext vorgesehenen) Mehrheitsbeschlüssen im Rat verlangt.[97] Zwar gesteht Tindemans andererseits zu, daß „letzten Endes der institutionelle Rahmen jedoch das wert sein (wird), was der Geist, der ihn beseelt, wert ist“ und daß die Regierungen und die europäischen Institutionen „zunächst einen politischen Konsensus über die Ziele und Merkmale der Union“ erreichen müssen, doch hilft diese Betrachtung in der politischen Praxis nicht viel weiter.

187. Sie hilft vor allem deshalb nicht viel weiter, weil in zentralen Bereichen solcher Konsensus zur Zeit nicht sichtbar ist. In diesem Zusammenhang ist das zweite große und bis heute nicht bereinigte Mißverständnis zu nennen, das die europäische Einigungspolitik von Anfang an begleitete: das Verhältnis zu Amerika. Im Spierenburg-Bericht ist angedeutet,[98] daß die sechs ursprünglichen Gemeinschaftsstaaten die Integration aus einander diamentral entgegengesetzten Motiven betrieben: fünf Staaten – darunter die Bundesrepublik Deutschland – wollten auf diese Weise zum leistungsfähigen und engen Partner der Vereinigten Staaten von Amerika werden und die *atlantische Gemeinschaft festigen*, zumindest ein Land – Frankreich, vor allem seit Gründung der V. Republik – wollte dadurch die *Abhängigkeit von Amerika beenden. Europa Dritte Kraft* war ein Konzept, das auch nichtfranzösische europäische Politiker faszinierte und das bis heute in der Auseinandersetzung um die Bedingungen für Entspannung in Europa eine Rolle spielt.

188. Dies wiederum ist nicht nur eine Frage der Wirtschafts- und Handelsbeziehungen, sondern vor allem eine Frage der Sicherheits- und Verteidigungspolitik. Ein vertieftes Eingehen auf diesen Problemkreis müßte den Rahmen dieses Buches sprengen. Es kann deshalb nur darauf hingewiesen werden, daß die Verteidigung der Gesellschaft in Westeuropa von allen Mitgliedern der Gemeinschaft als notwendig angesehen wird. Hier endet aber bereits die Übereinstimmung. Solange Frankreich sich zwar dem Nordatlantikpakt als politisches Bündnis zurechnet, aber zugleich auf seiner eigenen autonomen Militärpolitik besteht, ist an eine wirklich gemeinsame Außenpolitik nicht zu denken. Sie wird sogar erschwert, wenn – wie im Tindemans-Bericht – die „gemeinsame Verteidigungspolitik" indirekt mit der Feststellung gefordert wird, daß anderenfalls „die *Europäische Union* unvollständig" bleibe, was durchaus richtig ist, denn die Sicherheits- und Verteidigungspolitik greift nicht nur in die Außenpolitik ein, sondern über die Rüstungsproduktion und den Rüstungshandel auch in die Wirtschaftspolitik, sie berührt also auch die *Vertragsgemeinschaft.*

189. Die Verknüpfungen zwischen Rüstung und Wirtschaft und in einem weiteren Sinne zwischen Sicherheit und Handel müssen zwangsläufig zu Spannungen zwischen Westeuropa und Amerika führen. Die Amerikaner haben dabei einen dreifachen Vorteil:
- sie sind aufgrund ihrer Wirtschaftskraft und der kontinentalen Ausdehnung ihres Staates sehr viel unabhängiger von weltweiten Entwicklungen als die Europäer (wenn auch nicht so unabhängig, daß ihnen das Schicksal der nichtamerikanischen Welt gleichgültig sein dürfte);
- in ihrer Wirtschaft spielt der Außenhandel eine zweitrangige Rolle, sie sind weniger auf Rohstoffeinfuhren angewiesen als die Europäer oder auch die Japaner (ihre derzeitige Verwundbarkeit ergibt sich in erster Linie aus den zunehmenden Erdöleinfuhren);
- gerade aufgrund ihrer eigenen Macht und Stärke können sie in anderen Weltregionen politisch, wirtschaftlich und notfalls auch militärisch eingreifen und dritte Staaten in Abhängigkeit bringen (auch wenn der Ausübung dieser Macht Grenzen gesetzt sind, wie 1956 Kuba und dann vor allem der Vietnam-Krieg gezeigt haben).

190. Eine praktische Folge dieser höchst ungleichen Beziehungen ist beispielsweise, daß die Schwäche des Dollars weniger die Amerikaner selbst trifft als vielmehr die exportabhängigen Europäer. Das führt dann zu Mißstimmungen auf beiden Seiten: Während die Europäer allergisch reagieren, wenn Amerika sie seine wirtschaftliche und militärische Überlegenheit spüren läßt, wächst bei den Amerikanern das Gefühl, die Westeuropäer seien angesichts der amerikanischen Wiederaufbauhilfe und des amerikanischen Verteidigungsschutzes höchst undankbare Verbündete, die nur auf ihren eigenen wirtschaftlichen Vorteil bedacht sind.

191. Aus diesem Grunde, aber auch in dem Bestreben, die Skepsis in der Dritten Welt gegenüber der Gemeinschaft nicht noch zu bestärken, erscheint es deshalb ratsam, weder die *Europäische Union* noch die *Vertragsgemeinschaft* bis auf weiteres mit einer gemeinsamen Verteidigungspolitik zu belasten, sondern diese wie bisher *parallel* im Rahmen der *NATO* und der *Westeuropäischen Union* zu belassen, was nicht ausschließt, immer dort zu kooperieren, wo Kooperation möglich ist, beispielsweise auf den Gebieten der Gemeinschaftsproduktion, der Waffenstandardisierung und der Rüstungsentwicklung. Weiter braucht auch nicht ausgeschlossen zu werden, die gesellschafts- und wirtschaftspolitische Bedeutung der Verteidigungspolitik zu beobachten und sich mit ihr kritisch auseinanderzusetzen. Schließlich und endlich würde die Gemeinschaft, wenn sie sich den weiter vorn beschriebenen neuen Aufgaben stellt, weltweit zur Festigung friedlicher Bedingungen des Zusammenlebens der Völker beitragen, denn die Sicherheit unserer Weltgesellschaft hängt heute schon nicht mehr allein und wahrscheinlich auch schon nicht mehr in erster Linie von militärischer Verteidigungsbereitschaft ab, sondern mehr und mehr von der Lösung der drängenden sozialen und wirtschaftlichen Entwicklungskonflikte.

Bei anderen funktioniert vieles anders

192. Wenn die Prioritäten für die Gemeinschaft heute (und nicht erst seit heute!) in der Entwicklungs- und Regionalpolitik zu suchen sind, und diese wiederum nicht nur aus wirtschafts-, währungs- und außenpolitischer Sicht zu sehen sind, sondern primär aus sozial- und gesellschaftspolitischer Sicht, dann hängt mehr denn je der Erfolg der Gemeinschaftspolitik davon ab, ob sie im Bewußtsein der Menschen verankert werden kann. Das wiederum ist ein Problem der Kulturpolitik im weitesten Sinne, einschließlich der Informations- und Bildungspolitik. Soziale Sicherung und Gesundheitsfürsorge spielen in diesen Bereich ebenso hinein wie Städtebau, Verkehrswesen und Freizeitgestaltung.

193. Anders ausgedrückt: die Gemeinschaft deckt heute schon die gesamte Breite politischen Handelns ab, auch wenn ihr vertraglich nur Kompetenzen auf dem Gebiet der Wirtschaftspolitik und in einigen Randbereichen der Währungs- und Sozialpolitik zugestanden sind. Diese Erkenntnis ist nicht neu. Die europäischen Föderalisten haben stets gefordert, daß die Europäische Union oder das Vereinigte Europa auf allen Gebieten zuständig sein müsse, die für die Entfaltung der Bürger von Belang sind. Dennoch wurde drei Jahrzehnte lang einerseits ein großer Teil der politischen Energie darauf verwandt, ein Tätigwerden der Gemeinschaft auf anderen Gebieten als denen, die in den Verträgen festgelegt sind, zu verhindern, und andererseits immer nur darüber nachgedacht, welche Befugnisse und auf welchen Gebieten *nach oben* übertragen werden sollen. Kaum je wurde darüber nachgedacht, welche Befugnisse den *unteren Ebenen* verbleiben sollen oder welche Befugnisse diesen unteren Ebenen vielleicht sogar im Vollzug der europäischen Integration neu übertragen werden könnten.

194. Dabei spielen natürlich die historisch gewachsenen internen Strukturen der Gemeinschaft eine entscheidende Rolle. So sind in der Bundesrepublik Deutschland föderale Strukturen nichts Ungewöhnliches. Die Einordnung in eine größere Gemeinschaft stößt deshalb auf weniger Vorbehalte als in anderen Ländern. Verstärkt wird diese Bereitschaft durch die Anerkennung, daß die europäische Zusammenarbeit Voraussetzung des politischen und wirtschaftlichen Wiederaufbaus war (für eine Minderheit freilich auch die Zementierung der deutschen Teilung) und zugleich die Garantie, daß sich die Vorgänge in der ersten Hälfte unseres Jahrhunderts nicht wiederholen.

195. Demgegenüber kennt *Frankreich* von jeher, vor allem aber seit Napoleon eine zentralistische Struktur. Der staatliche Sektor ist in der Wirtschaft stark entwickelt (Banken, Schwerindustrie, Automobil), das wirtschaftliche Plandenken seit 1945 eine Realität (allerdings immer nur als Ergänzung zum Markt, nicht als Alternative). Versuche der Auflockerung staatlicher Strukturen laufen in Richtung Dezentralisierung (Schaffung überschaubarer Einheiten mit beschränkter Autonomie), nicht aber in Richtung einer Föderalisierung mit konkurrierender Gesetzgebung und eigenen Einnahmen (wie im Falle der Länder der Bundesrepublik).

196. In *Großbritannien* sind ähnliche zentralistische Strukturen gegeben, im Unterschied zu Frankreich und Italien jedoch mit starker lokaler Selbstverwaltung. Das starke, aber in sich zersplitterte Gewerkschaftswesen dürfte ein stärkeres Handicap als die Nationalisierung von ganzen Industriezweigen sein. Marktwirtschaft ist Tradition und schließt nach britischer Auffassung Nationalisierung nicht aus. Der Verlust der weltweiten Dienstleistungsfunktionen ist eine weitere entscheidende Ursache für die wirtschaftlichen Schwierigkeiten. Welche Vorteile eine verstärkte Autonomie für Schottland und Wales bringen wird, bleibt abzuwarten.

197. Wieder anders liegen die Verhältnisse in *Italien*. Dort wurde nach der nationalen Einigung eine zentralistische Verwaltung nach französischem Vorbild aufgebaut, aber die traditionelle Stadtstaatenanarchie wirkt weiter. Erst seit jüngster Zeit wird versucht, sie durch eine verstärkte Regionalautonomie einzudämmen. Hervorstechendes Merkmal der italienischen Wirtschaft ist zum einen das starke Gefälle zwischen Nord und Süd und zum anderen ein außerordentlich hoher Anteil staatseigener Industrie, der zwar die Investitionstätigkeit erleichtert, aber auch den Staat krisenanfälliger macht.

198. Die *kleineren Mitgliedstaaten* (Belgien/Luxemburg, Dänemark, Irland, Niederlande) fallen demgegenüber weniger ins Gewicht, weil sie von Bevölkerung und Wirtschaftskraft her gesehen nicht größer als einzelne Regionen der vier *Großen* sind. Dennoch gibt es auch bei ihnen Strukturunterschiede.

199. Solche Strukturunterschiede äußern sich nicht allein im Wirtschafts- und Sozialgefälle, in unterschiedlichen Industrialisierungsgraden und administrativen Verschiedenheiten, sondern auch in unterschiedlichen Steuer-, Finanz- und Sozialsystemen. Es kann und darf nicht Ziel europäischer Einigungspolitik sein, alle diese Unterschiede aufzuheben. Der Gemeinschaft fällt vielmehr die Aufgabe zu, bei Achtung solcher gewachsenen Strukturen ausgleichend zu wirken, damit ein in etwa gleich hoher Stand an Entwicklung und Einkommen erreicht wird, ohne daß eine Angleichung der Lebensgewohnheiten damit verbunden sein muß.

200. Unterschiedliche Strukturen, Traditionen und Systeme bedingen auch die oft widersprüchliche Einstellung zu den Gemeinschaftsinstitutionen und zu der institutionellen Form, die ein geeintes Europa annehmen soll. So ist in Frankreich ein allgemeines Unbehagen gegenüber supranationalen Institutionen zu verzeichnen, aber die Tendenz der Kommission, im Detail tätig zu werden, wird begrüßt, weil sie französischer Praxis entspricht. Umgekehrt wird in der Bundesrepublik das supranationale Element ausdrücklich befürwortet, aber der „interventionistische Charakter" der Kommissionstätigkeit mit tiefem Mißtrauen betrachtet. Frankreich erwartet von der Gemeinschaft eher den Schutz des Wettbewerbsvorteils, die Bundesrepublik mehr die Herstellung von Wettbewerb. In Großbritannien sind Skepsis gegenüber Supranationalität und Brüsseler Interventionismus gleichermaßen ausgeprägt. Dänemark teilt die britischen Bedenken, aber Belgien/Luxemburg und die Niederlande befürworten stärker noch als die Bundesrepublik das supranationale Element, weil sie sich davon den Schutz der Interessen der kleinen Länder erhoffen. Italien hat von allen Mitgliedern das unbeschwerteste Verhältnis zur Kommission, was nicht bedeutet, daß sich die italienische Regierung am vertragskonformsten verhält.

Befugnisse nach oben – Verantwortung nach unten

201. Gerade wegen solcher unterschiedlichen Strukturen, Traditionen und auch Denkgewohnheiten ist eine gemeinsame Politik im gesellschaftlichen und kulturellen Bereich eine äußerst heikle Angelegenheit. Regierungen und öffentliche Meinung sind zwar der Ansicht, daß diese Bereiche immer wichtiger werden, gestehen ihnen auch eine europäische und internationale Bedeutung zu, sind aber dessen ungeachtet überzeugt, daß Maßnahmen in diesen Bereichen auch weiterhin nationale Angelegenheiten seien (etwa vergleichbar dem *Föderalismus-Vorbehalt* der Länder der Bundesrepublik). Da es gerade in diesem Bereiche besonders auf Erhaltung und Erweiterung von Freiräumen ankommt, kommt der Brüsseler Bürokratie ein zusätzlicher Abschreckungseffekt zu, der nicht leicht zu überwinden sein wird. Objektiv erschwert wird jede Kooperation in diesen Bereichen durch die zunehmende Entfernung (und damit Entfremdung) zwischen Mensch und Verwaltung, zwischen Basis und öffentlichen Institutionen. Was die europäischen Föderalisten schon 1945 gefordert, dann aber vergessen haben, ist heute notwendiger denn je: jeder weiteren Integration auf europäischer Ebene muß eine Lockerung der nachgeordneten Strukturen (regional und kommunal) entsprechen. Hier erweisen sich die Nationalstaaten nach wie vor als das größte Hindernis, vor allem Staaten wie Frankreich und Italien mit ihren zentralistischen Strukturen. Es wäre also darauf hinzuwirken, daß das Problem der politischen Gewaltenteilung nicht nur horizontal (Gesetzgebung, Exekutive, Rechtsprechung), sondern auch vertikal (gebietskörperschaftliche Autonomie) gesehen wird.

202. Nun ist es keineswegs so, daß es auf diesem Gebiete überhaupt nichts gäbe. Ein Blick auf die Liste der Konventionen des Europarates zeigt, daß es dieser Institution in der Tat gelungen ist, ein sehr viel breiteres Spektrum politischen Geschehens abzudecken, als dies bei den Europäischen Gemeinschaften der Fall ist. Leider wird der Tätigkeit des Europarates nicht die Beachtung teil, die sie verdient. Hier sind Ansätze für Bewußtseinsbildung, Informationspolitik, europakundlichen Unterricht in Schule und Erwachsenenbildung vorhanden, die dringend ausgebaut werden sollten. Wichtig wäre, daß diese Tätigkeit (insbesondere im *Rat für kulturelle Zusammenarbeit – CCC/Conseil de Coopération Culturelle*) nicht als Alibi aufgefaßt wird und damit zur Spielwiese für zwar sehr engagierte, meist aber wenig fachkundige Europa-Kulturexperten wird. Damit die auch im Tindemans-Bericht angeschnittene Bewußtseinsbildung vorangetrieben wird, ist zweierlei denkbar: (1) eine stärkere Kooperation zwischen Europäischer Kommission und Generalsekretariat des Europarates auf allen den Gebieten, in denen Initiativen über den Kreis der neun EG-Mitgliedstaaten möglich sind, und (2) die Übernahme der Konventionsmethode durch die Gemeinschaft in allen Fällen, in denen sich diese Methode anbietet.

203. Auch diese letzte Betrachtung zeigt die zwingende Notwendigkeit pragmatischer Verzahnung föderaler, paralleler, kooperativer und klassischer zwischenstaatlicher Elemente gemeinsamer Politik, auch über den Rahmen der Neun hinaus, wo immer sich dafür Gelegenheit bietet. Vor allem gilt es, Denkweisen und institutionelles Verhalten, die sich als falsch oder hemmend erwiesen haben, abzuschaffen bzw. zu reformieren, und anderes zu entwickeln, das sich im Ansatz als richtig und weiterführend erwiesen hat, und die politische Tätigkeit in allen diesen Varianten, auf allen Ebenen und auf allen Gebieten ständig zu bündeln und zu verdichten, bis am Ende dieses sicher noch lange währenden Prozesses das *Vereinte Europa* Form und Gestalt annimmt.

204. Nur wenn es gelingt, diese Zusammenhänge aufzudröseln und der Öffentlichkeit in der Gemeinschaft und außerhalb der Gemeinschaft bewußt zu machen, wo die Prioritäten liegen, daß Verträge und Bürokratie allein keinen Erfolg garantieren, daß Weniger oftmals Mehr ist, daß Wachstum allein keine Lösung ist, nur dann wird Europa einen Beitrag zur Zukunftssicherung der ganzen Menschheit leisten.

Dokumentation:

„Europäische Union – Bericht des Beratungsausschusses Europäische Union“ Abschnitt 13 – Zusammenfassung und Schlußfolgerungen von D. P. Spierenburg

1. *Einleitende Bemerkungen*

Der Beratungsausschuß ist davon überzeugt, daß die Verwirklichung einer starken europäischen Einheit von großer nationaler und internationaler Bedeutung ist.[1]

Bei der Konzeption einer Europäischen Union, die er als Zielsetzung befürwortet, hat der Ausschuß weitgehend Anschluß an die gegenwärtige Situation gesucht, ohne im übrigen den künftigen Aufbau und Inhalt der Union ganz auf das abzustimmen, was unter den heutigen Umständen verwirklicht werden könnte.

Der Ausschuß hat sich nicht dazu verleiten lassen, vielversprechende, aber vorläufig unerreichbare Modelle für zukünftige Kooperationsstrukturen zu entwerfen. Er ist davon ausgegangen, daß die Mitgliedstaaten der Gemeinschaften auch im kommenden Jahrzehnt deutlich erkennbare nationale Einheiten sein werden. Auch wenn die Vorschläge dieses Berichts in die Tat umgesetzt werden, bleibt eine eigene nationale Politik der Mitgliedstaaten in vielen Bereichen möglich.

Frage 1[2] Der Abstand zwischen der heutigen Situation und einer europäischen Föderation ist so groß, daß noch reichlich Spielraum für Zwischenlösungen bleibt, die verschiedene Entwicklungsmöglichkeiten offenlassen. Die vom Beratungsausschuß skizzierte Europäische Union ist eine solche Zwischenlösung.

Frage 2[3] Obwohl der Ausschuß glaubt, daß an die Integration keine Bedingungen geknüpft werden dürfen, die auf europäischer Ebene einen stark national gefärbten oder partikularistischen Charakter tragen, ist er der Auffassung, daß einem so einschneidenden Vorhaben wie der Gründung einer Europäischen Union eine Anzahl fundamentaler Werte zugrunde gelegt werden sollte. Diese Werte beziehen sich auf:

- die Demokratie als Basis für den Aufbau des Staates und der Gesellschaft
- den Schutz der Menschenrechte
- die Prinzipien der sozialen Gerechtigkeit und der Solidarität mit den sozial und wirtschaftlich Schwachen.

Zur Wahrung dieser Werte im Rahmen der Gemeinschaften in Freiheit und Sicherheit ist die atlantische Solidarität in unseren weltpolitischen Beziehungen eine wesentliche Voraussetzung. Zum Zeitpunkt der Unterzeichnung und parlamentarischen Behandlung des Unionsvertrags werden Regierung und Parlament sich ein endgültiges Urteil über die Frage bilden müssen, ob der Beitritt zur Union mit den fundamentalen Werten, die der niederländischen Politik zugrunde liegen, vereinbar ist und ob die Aufrechterhaltung dieser Werte auch in Zukunft in angemessener Weise gewährleistet sein wird.

Der Ausschuß hat sich auf eine Reihe von Gebieten mit den materiellen politischen Entscheidungsmöglichkeiten auseinandergesetzt, und zwar nicht in der Absicht, konkrete politische Maßnahmen festzulegen oder vorzuschreiben, sondern um allgemeine Zielsetzungen zu formulieren und die Frage zu prüfen, ob die Union, was ihre Befugnisse und Institutionen betrifft, hinreichend ausgestattet sein wird, auch sehr prononcierte politische Optionen zu verwirklichen.

Der Beratungsausschuß hat nur die nationalen Entscheidungsbefugnisse der Union übertragen wollen, die zur Verwirklichung der gesteckten Ziele erforderlich sind. Für die Erreichung dieser Zielsetzungen, jedenfalls auf dem Gebiet der Wirtschafts- und Währungsunion, werden zweifelsohne weitgehende Verschiebungen in der Beschlußfassung erforderlich sein, aber der Ausschuß hat sich auf dasjenige beschränkt, was als absolut unentbehrlich zu betrachten ist. Sind die europäischen Regierungen mit dieser Konzeption nicht einverstanden, dann bleibt nur noch der Weg über zwischenstaatliche Zusammenarbeit offen, was die Schaffung der Europäischen Union im Sinne dieses Berichts illusorisch macht.

2. *Rückblick auf die europäische Integration*

Bei Betrachtung des Gesamtbilds des bisherigen europäischen Integrationsprozesses konstatiert der Ausschuß wichtige positive Ergebnisse, aber auch negative Aspekte. Dies wäre nicht so beunruhigend, wenn nicht zugleich festgestellt werden müßte, daß

a) die Gemeinschaft sich als nicht hinreichend dynamisch erwiesen hat, um sich im Laufe der Jahre eine eigene politische Autorität zu erwerben;
b) die verwaltungsmäßige Formgebung hinter der wirtschaftlichen Integration zurückbleibt und sich sogar hemmend auf diese auswirkt;
c) die positiven Ergebnisse im allgemeinen älteren Datums sind und gerade durch die Mißerfolge und Unzulänglichkeiten der letzten Jahre verloren zu gehen drohen.

Der Beratungsausschuß ist daher der Überzeugung, daß die europäische Integration angesichts ihres geschwächten Zustands ernsthaft gefährdet ist. Das Risiko einer formalen Desintegration der Gemeinschaften ist nach Ansicht des Ausschusses nicht gegeben, aber die Gefahr eines fortschreitenden Zerfalls und schließlich eines Dahinschwindens des in und von den Gemeinschaften Erreichten ist vorhanden. Zur Abwendung der drohenden Desintegration der Gemeinschaften sind konkrete Maßnahmen zu ergreifen, wobei die Beratungen über die Union eine richtungweisende Funktion erfüllen können. Allgemeine, gutgemeinte Absichtserklärungen reichen nicht aus; es müssen vielmehr „harte" Entscheidungen in einigen wichtigen Angelegenheiten getroffen werden.

3. Perspektiven der europäischen Integration

Die erste Überlegung, die der Beratungsausschuß als motivierend für die weitere Europapolitik der Regierung betrachtet, ist die Sorge für die Instandhaltung der bestehenden wirtschaftlichen Integration, also insbesondere des Gemeinsamen Marktes und der gemeinsamen Agrarpolitik.

An zweiter Stelle sieht der Ausschuß in einer weitergehenden europäischen Integration die geeignete Antwort auf die sich vollziehenden strukturellen Veränderungen im gesellschaftlichen und sozialökonomischen Gefüge. Viele schwerwiegende Probleme, mit denen die europäischen Regierungen kämpfen, haben grenzüberschreitenden Charakter, wobei die europäische Dimension gewiß nicht der einzige, wohl aber in den meisten Fällen ein sehr wichtiger Aspekt ist. Man denke hier u. a. an die Probleme des Umweltschutzes und der Regionalentwicklung.

An dritter Stelle wird die französisch-deutsche Versöhnung, die der Ausgangspunkt für den Integrationsprozeß war, auch in Zukunft ihren vollen Wert behalten. Im Interesse einer zukünftigen politischen Stabilität in West- und Mitteleuropa ist es wesentlich, daß die Bundesrepublik Deutschland sich in der westlichen Zusammenarbeit geborgen weiß.

An vierter Stelle ist der Ausschuß der Überzeugung, daß ein vereinigtes Westeuropa einen positiven Beitrag zur Lösung der großen politischen und wirtschaftlichen Probleme der internationalen Gemeinschaft wird leisten können.

Der Beratungsausschuß mißt diesem Faktor so viel Bedeutung bei, daß er der niederländischen Regierung empfiehlt, der europäischen Integration in ihrer Politik hohe Priorität einzuräumen. Eine Fortsetzung der zur Zeit hinsichtlich der heutigen Gemeinschaften verfolgten Politik erscheint dem Ausschuß in diesem Zusammenhang nicht adäquat. Es besteht ein deutliches Bedürfnis an neuen Zielsetzungen und neuen, grundlegenden Beschlüssen, die ihrer Konzeption und Bedeutung nach den Beschlüssen gleichwertig sein müssen, die zu den Verträgen von 1951 und 1957 geführt haben.

4. Der Charakter der Europäischen Union

Frage 1 Der Beratungsausschuß ist der Auffassung, daß die Europäische Union als eine Etappe im europäischen Integrationsprozeß zu betrachten ist und kein Endstadium darzustellen braucht. Sie muß jedoch über ausreichende innere Stabilität und Lebensfähigkeit verfügen, um die Gefahr einer Aushöhlung und Auflösung bei einem eventuellen Stagnieren des Integrationsprozesses zu vermeiden.

Frage 3[4] Was die institutionelle Formgebung betrifft, kann zunächst der gemischte Charakter der Beschlußfassung, der auch die heutigen Gemeinschaften kennzeichnet, mit der Maßgabe in der Union weiterbestehen, daß mehrere wesentliche Verbesserungen und Reformen in der Beschlußfassungsmethode und der Funktionsweise der Organe durchgeführt werden. Es handelt sich hier um Verbesserungen und Reformen, die insbesondere im Hinblick auf die Beschlußfähigkeit und die Festigung des demokratischen Charakters der Gemeinschaften erforderlich sind.

Frage 2 Dem Kommuniqué der Gipfelkonferenz von 1972 zufolge muß die Europäische Union „die Gesamtheit der Beziehungen" zwischen den Mitgliedstaaten umfassen. Nach Ansicht des Beratungsausschusses kann diese Formulierung nicht so ausgelegt werden, daß alle Bereiche nationaler Verwaltung und alle darauf beruhenden Befugnisse in die Union einzubringen wären. Dies würde eine unitarische und zentralistische Konzeption der europäischen Integration implizieren, die höchst irreal und unerwünscht wäre. Die Formulierung „die Gesamtheit der Beziehungen" zielt nach Ansicht des Ausschusses nur auf die Bereiche der Politik ab, in denen eine bessere und zweckmäßigere Vertretung gemeinschaftlicher Belange eine Zuweisung von Aufgaben und Befugnissen an die Union geboten erscheinen läßt. Hiermit stellt sich die Frage nach dem Inhalt der Union.

Nach Ansicht des Ausschusses müßte die Europäische Union, wenn sie ein lebensfähiges und dauerhaftes Gebilde darstellen soll, folgende Bestandteile umfassen:

- die Wirtschafts- und Währungsunion, die sich gliedert in
  a) den Gemeinsamen Markt
  b) die Währungsunion
  c) die zusätzlichen Bereiche der Politik, wie Umwelt, natürliche Hilfsquellen, Energie, Soziales und Entwicklungshilfe
- eine Außenpolitik, die zugleich das umfassen soll, was im Zuge der Europäischen Politischen Zusammenarbeit bereits zustande gekommen ist
- eine Politik bezüglich bestimmter Aufgaben auf dem Gebiet der Verteidigung.

Die Gründung der Europäischen Union wird den Abschluß eines neuen, den EGKS- und EWG-Verträgen vergleichbaren Vertrages erforderlich machen. In diesen neuen Vertrag wären Bestimmungen der Währungsunion, der Außenpolitik und der Verteidigung aufzunehmen. Eine Reihe zusätzlicher Bereiche der Politik müßte wegen ihres engen Zusammenhangs mit der EWG in Zusatzprotokollen zum EWG-Vertrag geregelt werden, was eine angemessene Rechtsgrundlage bieten würde.

Die Vorbereitungen zum Abschluß des Unionvertrags und der Protokolle müßten 1976 beginnen und auf ein Inkrafttreten nach parlamentarischer Billigung in den Mitgliedstaaten vor Ende 1980 abzielen.

5. Währungsunion

5.1. Allgemeines

Der Beratungsausschuß glaubte, eine Währungsunion im Sinne einer „Münzunion" vorschlagen zu müssen, in der die Währungen der Länder abgeschafft und durch ein europäisches Zahlungsmittel ersetzt werden. Nur auf diese Weise kann der endgültige Charakter einer Währungsintegration gewährleistet werden. Selbst wenn der Zustand fester Wechselkurse zu einem gegebenen Augenblick wieder erreicht würde, bliebe die Gefahr eines Rückfalls in eine nationale Wechselkurspolitik bestehen, wenn eine Währung starkem Druck ausgesetzt würde.

Der Beschluß zur Schaffung der Währungsunion zu einem bestimmten Zeitpunkt sowie die damit verbundenen Verpflichtungen auf Währungs-, Haushalts- und anverwandten Gebieten sind im Unionsvertrag festzulegen. Dabei müssen zugleich die künftigen Befugnisse der bestehenden oder noch zu errichtenden gemeinschaftlichen Organe geregelt werden.

5.2. Inhalt und Funktionsweise der Währungsunion

5.2.1. Währungspolitik

Frage 2 Die Grundzüge der Währungspolitik sollten zentral in der Union festgelegt werden. Die Durchführung und die Wahl von politischen Instrumenten können jedoch im Prinzip den Zentralbanken überlassen werden. Die strategischen Entscheidungen über den Notenumlauf, die Zins-, Wechselkurs- und Devisenpolitik werden auf Gemeinschaftsebene getroffen. Die Devisenreserven liegen bei den Zentralbanken, können jedoch nicht für nationale Zwecke reserviert werden.

Frage 3 Es ist ein Europäischer Währungsverwaltungsrat zu errichten, der die vorbezeichneten Entscheidungen trifft. In diesem Organ, dessen Vorsitz ein unabhängiger Präsident führen wird, sollen die Präsidenten der nationalen Banken Sitz haben.

5.2.2. Haushaltspolitik

In einer Währungsunion können in den Mitgliedstaaten unterschiedliche Entwicklungen auf makroökonomischen Gebieten eintreten, die korrigierende Maßnahmen erfordern. Es kann sich dabei um inflationistische oder deflationistische Entwicklungen der Ausgaben, Preise und Kosten auf nationaler Ebene handeln.

Frage 2 Darum wird die Union über regulierende Befugnisse hinsichtlich der Kerngrößen der nationalen Haushalte verfügen müssen. Diese Kerngrößen sind:
a) die jährlich zulässigen Schwankungen im Niveau der öffentlichen Ausgaben
b) der zulässige Umfang des Haushaltsdefizits
c) die Art der Finanzierung des Defizits.

Bei der Ausübung dieser Befugnisse ist zugleich den Erfordernissen einer europäischen Konjunkturpolitik Rechnung zu tragen.

Die Regierungen werden daher auch akzeptieren müssen, daß die Institutionen der Union die Grenzen der Haushaltspolitik festlegen. Daneben bleiben ihnen jedoch wesentliche Freiheiten, insbesondere die Freiheit in der Wahl der Haushaltsposten innerhalb des vorgegebenen Gesamtrahmens. Gleiches gilt in großen Zügen für die Steuerstrukturen.

Frage 3 Im einzelnen gelangt der Beratungsausschuß zu folgendem Beschlußfassungsverfahren:

1. Der Rat der Europäischen Union wird auf Vorschlag der Europäischen Kommission die mittelfristigen Zielsetzungen der Wirtschaftspolitik festlegen. Obwohl sie juristisch nicht bindend sind, werden sie zweifelsohne eine normative Wirkung haben.
2. Der Rat der Europäischen Union wird auf Vorschlag der Europäischen Kommission die aus operationeller Sicht wichtigen strukturellen Normen der Haushaltspolitik festlegen. Hierbei wird für eine Reihe von Jahren die zusätzliche Haushaltsmarge angegeben, die für die Erhöhung der öffentlichen Ausgaben und/oder die Herabsetzung der Steuern benutzt werden kann.
3. Der Rat der Europäischen Union wird alljährlich die globalen Zielsetzungen der Wirtschaftspolitik in der Union festlegen, insbesondere die konjunkturellen Zielsetzungen, die auf den für den mittelfristigen Zeitraum angegebenen Normen basieren, und die Zielsetzungen der strukturellen Haushaltsentwicklung.
4. Die Kommission beschließt alljährlich unter Berücksichtigung der vorbezeichneten Ratsbeschlüsse über die Haushaltskerngrößen.

Der Rat kann einstimmig den Beschluß der Kommission ändern. Kommt kein Beschluß gemäß Punkt 1, 2 oder 3 zustande, legt die Kommission die Kerngrößen selbst fest.

Der Rat kann jedoch mit qualifizierter Mehrheit die Beschlüsse der Kommission ändern. Hiermit ist die für das Funktionieren der Währungsunion unentbehrliche Kontinuität in der Beschlußfassung gewährleistet.

Von wesentlicher Bedeutung hierbei ist, daß die Kommission selbständig die Befugnis zur Prüfung der nationalen Haushaltsentwürfe und der Entscheidungen über Kerngrößen ausüben kann. In der nationalen Gesetzgebung wäre festzulegen, daß die Regierung keinen Haushaltsentwurf ohne vorhergehende Genehmigung der Europäischen Kommission beim Parlament einbringen kann.

Die Kommission ist der Überzeugung, daß die hier skizzierte Konstruktion nur dann vertretbar ist, wenn die vorbezeichneten Beschlüsse auf einer parlamentarisch-demokratischen Grundlage beruhen. Die Mitbestimmung des Parlaments muß daher gewährleistet sein.

Dies kann wie folgt geschehen:

Hinsichtlich der mittelfristigen Zielsetzungen und der strukturellen Normen für die Haushaltspolitik wird das Europäische Parlament die Funktion ausüben, die im allgemeinen für gesetzgebende Beschlüsse des Rates vorgesehen ist.

Gleiches sollte für die vom Rat vorzunehmende Festlegung der jährlichen konjunkturellen Zielsetzungen gelten. Jährliche allgemeine finanziell-wirtschaftliche Betrachtungen des Europäischen Parlaments in Gegenwart der Mitglieder des Rates müßten vorgesehen werden. Für Beschlüsse bezüglich der Haushaltskerngrößen gilt uneingeschränkt die Verantwortungspflicht der Kommission gegenüber dem Parlament.

5.3. Zeitschema zur Einführung der Währungsunion

1. Eine Vorbereitungsphase von höchstens 2 Jahren nach Inkrafttreten des Unionsvertrages.
   In dieser Periode sind die institutionellen Vorkehrungen zu treffen und müssen die erforderlichen Prozeduren zur gemeinschaftlichen Regelung der nationalen monetären Haushaltspolitik zustande gebracht werden. Auch sind vorbereitende Maßnahmen für die Festlegung der festen Wechselkurse zu treffen.
2. Eine Vorunionsperiode von 4 Jahren.
   In dieser Periode muß die Einführung fester Wechselkurse erfolgen. Die Konjunkturpolitik wird gemeinsam betrieben, die Haushaltskerngrößen legt die Kommission fest. Nationale Währungseinheiten bleiben erhalten und damit auch die nationale Zahlungsbilanz und die Devisenreserven. Geltende Krediterleichterungen können aufrechterhalten werden. Die Entscheidung über die Änderung von Wechselkursen kann nicht mehr national, sondern nur über ein gemeinschaftliches Verfahren erfolgen.
   Die Vorunionsperiode kann eventuell um höchstens 3 Jahre verlängert werden, wenn diese Entscheidung einstimmig getroffen wird.
3. Spätestens 1990 werden die nationalen Währungen abgeschafft und ein gemeinschaftliches Zahlungsmittel eingeführt.

Der Beratungsausschuß möchte die Tatsache nicht ignorieren, daß die gegenwärtige Situation für die Schaffung einer Währungsunion keineswegs günstig ist. In den Jahren vor 1980 wird es absolut notwendig sein, die hohe Wachstumsrate des Inlandspreisniveaus in den Mitgliedstaaten durch eine Kombination innerstaatlicher und gemeinschaftlicher Maßnahmen auf dem Gebiet der Einkommenspolitik, Haushaltspolitik und Währungspolitik zu reduzieren. Ebenso müssen Fortschritte auf dem Gebiet der gemeinsamen Energiepolitik erreicht werden. Ferner müssen die Mitgliedstaaten eine gemeinsame Politik zur Kanalisierung des Kapitals der ölerzeugenden Länder verfolgen.

Zur Schaffung einer solchen Grundlage für eine gemeinschaftliche Politik schlägt der Beratungsausschuß die möglichst baldige Bildung eines „Währungsblocks" vor, in dem die Koordinierung der Wirtschaftspolitik dadurch verstärkt werden muß, daß man im Prinzip zu einem System fester Wechselkurse zurückkehrt mit einem gemeinsamen Floating gegenüber Drittländern, insbesondere gegenüber dem Dollar. Eine bedeutende Verbesserung oder Verschlechterung des gemeinschaftlichen Kursniveaus kann, wenn einige Mitgliedstaaten diese Entwicklung infolge der externen Wettbewerbslage nicht akzeptieren können, zu einer Überprüfung der internen Kursverhältnisse führen. Der Ausschuß betrachtet diese Form der Zusammenarbeit, wie unvollständig sie auch sein möge, als eine große Verbesserung gegenüber der heutigen Situation. Die Verwirklichung dieses Vorhabens würde nach Ansicht des Ausschusses nicht nur für die Zukunft, sondern auch für die Instandhaltung des Gemeinsamen Marktes von Bedeutung sein.

6. Die Sozialpolitik

6.1. Der Beratungsausschuß war sich der Tatsache bewußt, daß ein gemeinsamer Markt und eine gemeinsame Währung, wie wünschenswert sie auch für die europäische Integration sein mögen, in mancher Hinsicht dennoch nicht mehr darstellen können als einen Rahmen, dem die sozialökömomische Politik Inhalt geben muß.

Frage 2 Die Union schafft die Möglichkeit, eine Reihe zusätzlicher Bereiche der Politik in die europäische Konstruktion zu integrieren, eine Möglichkeit, die im übrigen für eine sinnvolle Fortsetzung des Integrationsprozesses auch notwendig ist. Dem Ausschuß erscheint eine Erweiterung der Zielsetzung der europäischen Integration eine unumgängliche und dringliche Angelegenheit.

6.2. Diese Überlegungen gelten natürlich in starkem Maße für die Sozialpolitik. Der Beratungsausschuß ist der Ansicht, daß die Sozialpolitik im EWG-Vertrag im Ansatz zu beschränkt geblieben ist und daß bei einem Grad der Integration, wie dieser Bericht ihn vorsieht, eine kräftigere Entwicklung der gemeinsamen Sozialpolitik unentbehrlich ist.

Dies impliziert jedoch keineswegs eine völlige Vereinheitlichung der Vorkehrungen. Nach Ansicht des Beratungsausschußes soll die gemeinsame Sozialpolitik vor allem auf die Festlegung von Mindestnormen ausgerichtet sein. Daneben wird die Sozialpolitik auf die Schaffung eines juristischen und organisatorischen Rahmens abzielen müssen, dem sodann die Mitgliedstaaten und die Sozialpartner unter Einschaltung der Gemeinschaftsorgane Inhalt geben sollten.

Frage 2 In einem Entwurf für ein Protokoll, das bei Abschluß des Unionsvertrags dem EWG-Vertrag hinzuzufügen wäre, hat der Beratungsausschuß folgende Zielsetzungen für eine gemeinsame Sozialpolitik formuliert:
- das Streben nach optimaler Beschäftigungsmöglichkeit und Existenzsicherheit sowie nach einer ausgewogenen Nutzung und Verteilung der verfügbaren Arbeit unter Berücksichtigung einer rationellen Anwendung der Produktionsfaktoren und des technischen Fortschritts
- eine ausgewogene Verteilung des Volkseinkommens der Gemeinschaft, wobei insbesondere den Erfordernissen der sozialen Gerechtigkeit und einer gut funktionierenden Wirtschaft Rechnung zu tragen ist
- die Verminderung der Unterschiede in den Lebensverhältnissen, insbesondere durch Verbesserung des Lebensstandards und des Wohls der sozial und wirtschaftlich Schwachen

- die Verbesserung der Lebensqualität, einschließlich der Arbeitsbedingungen und der Mitbestimmung der Arbeitnehmer
- die Verbesserung der Entfaltungsmöglichkeiten der gesamten Bevölkerung.

7. Die Politik betreffend die Umwelt und die natürlichen Hilfsquellen

Die Erweiterung der Zielsetzungen der europäischen Integration wird sich ganz besonders auch auf die Politik beziehen müssen, die auf den Schutz und die Verbesserung des Lebensrahmens und auf eine verantwortungsbewußte Verwaltung der natürlichen Hilfsquellen ausgerichtet ist. Der Beratungsausschuß hat sich eingehend mit diesem Thema befaßt, wobei er vor allem auf die Beziehungen und Spannungen zwischen dem Wirtschaftsgeschehen und den Anforderungen an die Umwelt näher eingegangen ist. Der Beratungsausschuß hat sich für eine Konzeption ausgesprochen, die unmittelbar von den von der Gemeinschaft festzustellenden Limits oder Toleranzgrenzen betreffend die verschiedenen Formen der Umweltverschmutzung und der Grundstoffnutzung, die, falls erforderlich, nach Art, Sektor, Land und Region zu differenzieren sind, ausgeht, wobei die Auswirkung auf die Wirtschaft der Gemeinschaft, insbesondere auf das Tempo und die Art der Produktionssteigerung, als Konsequenz akzeptiert wird.

Der Beratungsausschuß hat zur Ausarbeitung dieser Konzeption ein System der politischen Entscheidungsbildung entwickelt, das den zwingenden Charakter der festzustellenden Limits gewährleistet. Für die Festlegung dieser Limits oder Normen und ihre Befolgung muß nach Ansicht des Beratungsausschusses denn auch eine gemeinschaftliche Politik auf der Grundlage des EWG-Vertrags sorgen. Dies erfordert auch die Formulierung neuer politischer Zielsetzungen für die EWG.

Nach Auffassung des Beratungsausschusses läßt sich denn auch die Politik auf diesem Gebiet nicht genau festlegen. Die Formulierung von politischen Zielsetzungen und die Schaffung eines Instrumentariums, die es ermöglichen, auch sehr weitgehende politische Optionen in der Gemeinschaft zur Durchführung zu bringen, erscheinen ihm allerdings sinnvoll und notwendig.

Frage 2 Der Beratungsausschuß glaubte, durch Aufnahme seiner Schlußfolgerungen in einen Entwurf für ein Protokoll, das bei Abschluß des Unionsvertrags dem EWG-Vertrag hinzuzufügen wäre, die Meinungsbildung am besten fördern zu können. Auf dieser Grundlage könnte dann eine gemeinschaftliche Politik verfolgt werden. In den Protokollentwurf hat er folgende politische Zielsetzungen aufgenommen:

1. Den Schutz der Volksgesundheit und der natürlichen Umwelt durch
   a) die Verminderung und soweit möglich Beseitigung von Verschmutzung und Immissionen,
   b) die Erhaltung bzw. Wiederherstellung eines befriedigenden ökologischen Gleichgewichts in der gesamten Gemeinschaft und den Schutz der Biosphäre,

c) eine optimale Bewirtschaftung der natürlichen Hilfsquellen und der natürlichen Umwelt sowie die Vermeidung jeglicher Nutzung, die dem ökologischen Gleichgewicht empfindlichen Schaden zufügen oder die eine vorzeitige Erschöpfung der knappen Hilfsquellen zur Folge haben könnte.

2. Abstimmung von Art, Tempo und Richtung der wirtschaftlichen Entwicklung auf die quantitativen Anforderungen, die zur Erreichung der unter 1. genannten Zielsetzungen gestellt werden.
3. Die Suche – gemeinsam mit den Staaten außerhalb der Gemeinschaft – nach gemeinsamen Lösungen für die Probleme der wirtschaftlichen und industriellen Entwicklung, des Schutzes und der Verbesserung der Umwelt sowie der Bewirtschaftung der natürlichen Hilfsquellen, und das insbesondere im Rahmen internationaler Organisationen.

8. Die Energiepolitik

Den Europäischen Gemeinschaften ist es nicht gelungen, eine gemeinsame Energiepolitik zustande zu bringen; bis zum heutigen Tage ist der freie Verkehr für Energieerzeugnisse in der Gemeinschaft nicht verwirklicht worden. Dies ist hauptsächlich eine Folge der großen Interessengegensätze und der sich daraus ergebenden Unterschiede in der nationalen Politik der Mitgliedstaaten, von denen einige über eigene Energiequellen verfügen und andere nicht.

Durch die Ölkrise 1973 wurde sich der Westen endlich bewußt, wie gefährdet und abhängig sein Wohlstand von der Einfuhr preiswerter Energie, insbesondere von Öl aus dem Nahen Osten, geworden war. Zugleich begriff man, daß die Öl- und Gasvorräte nicht unerschöpflich sind und daß die unbehinderte Versorgung in unbegrenztem Umfang zu möglichst niedrigen Preisen zu einer raschen Erschöpfung dieser Vorräte führen würde.

Vor diesem Hintergrund befürwortet der Beratungsausschuß eine gemeinsame Energiepolitik, deren allgemeine Grundsätze, Zielsetzungen, politische Instrumente und verfahrensmäßige Vorschriften in einem Protokoll zum EWG-Vertrag festgelegt werden müßten.

Ohne eine gemeinsame Politik wird der freie Verkehr von Energieerzeugnissen nie zustande kommen. Divergierende Energiepolitiken in den Mitgliedstaaten werden ernsthafte Folgen für die Instandhaltung des Gemeinsamen Marktes haben und außerdem dazu führen, daß die Zielsetzungen in der Europäischen Union nicht oder nur in unzulänglicher Weise erreicht werden können.

Frage 2 Neben den sich bereits aus den bestehenden Verträgen ergebenden Zielsetzungen müßten zu den in das Protokoll aufzunehmenden Zielsetzungen der Energiepolitik der Gemeinschaft zählen:

- die Gewährleistung und Sicherstellung der Energieversorgung der Gemeinschaft zu angemessenen Preisen
- unter Berücksichtigung der Zielsetzungen der wirtschaftlichen und sozialen

Entwicklung, der Anforderungen der Umweltpolitik sowie der Verfügbarkeit natürlicher Hilfsquellen:

- die Förderung des optimalen Gebrauchs der verfügbaren Energieträger, insbesondere durch Maßnahmen für rationelle Energienutzung und Energieeinsparung;
- die Förderung der Entwicklung vorhandener und neuer Energiequellen, u. a. durch eine entsprechende Preispolitik.

Da die Gemeinschaften nicht in der Lage sind, eine Autarkie in der Energiepolitik anzustreben, werden sie mit anderen internationalen Organisationen und auch mit den Ölgesellschaften zu einer sinnvollen Zusammenarbeit gelangen müssen. Sie sollten in gleicher Weise wie bei den Tarifverhandlungen im Rahmen des GATT in der Internationalen Energieagentur einheitlich auftreten. Gemeinsam mit den übrigen industrialisierten Verbraucherländern muß versucht werden, eine gute Zusammenarbeit mit den ölproduzierenden Ländern aufzubauen. Hierbei ist es sehr wichtig, klarzustellen, daß man keine Konfrontation beabsichtigt. Besondere Aufmerksamkeit ist den Entwicklungsländern zu widmen, die selbst Erdöl importieren und von den Entwicklungen der letzten Zeit schwer getroffen wurden.

9. *Die Außenpolitik*

Das sich vereinigende Westeuropa besitzt auf dem Gebiet der internationalen Politik einige Hauptmerkmale, deren wichtigstes wohl ist, daß es einen Zustand beträchtlicher Abhängigkeit im Bereich der Sicherheit mit einer Position großer Wirtschaftspotenz kombinieren muß, wenngleich von Autarkie keine Rede sein kann.

Konkreter kann man zur Position Westeuropas folgendes bemerken:

- Das Problem der *Sowjetunion* scheint für Westeuropa vor allem in der Tatsache zu liegen, daß sie eine enorme Machtkonzentration darstellt. Ebenso wie in früheren Jahren gilt die These, daß eine uneinige westliche Welt und gewiß auch ein uneiniges Westeuropa nicht in der Lage sein werden, die eigenen Belange einer mächtigen Sowjetunion gegenüber in angemessener Weise zu vertreten. Die Suche nach einem geeigneten, allmählich ausbaufähigen *modus vivendi* mit diesem Land ist eine vordringliche Angelegenheit und – für die Mitglieder der Union – ein hervorragendes Gemeinschaftsinteresse.
- Die Beziehungen zu den *Vereinigten Staaten* sind dagegen durch ein breites Spektrum gemeinsamer Belange gekennzeichnet. Hierbei nimmt das Sicherheitsinteresse einen wichtigen Platz ein. Dies ist eine elementare Gegebenheit, von der der Ausschuß annimmt, daß sie auf absehbare Zeit unverändert bleiben wird, da Möglichkeiten einer selbständigen Verteidigung Westeuropas – sollte sie erwünscht sein – nicht vorhanden sind.
- Die Beziehungen zu Ländern der *dritten Welt* sind für Westeuropa besonders wichtig, nicht nur wegen der engen Wirtschaftsbeziehungen, sondern auch weil

sie die Weltwirtschaft stets mehr beeinflussen und schon seit geraumer Zeit auf eine Neuordnung der Wirtschaftsbeziehungen in der Welt drängen. Westeuropa mit seinen weitverzweigten Beziehungen und Interessen sollte hierbei eine konstruktive, wenn nicht gar eine entscheidende Rolle spielen.

Frage 4[5] Der Beratungsausschuß hat sich in diesem Zusammenhang auch mit der Frage beschäftigt, ob Europa in der internationalen Politik eine weltweite oder aber eine auf die europäische Region beschränkte Funktion erfüllen sollte. Seines Erachtens wird ein sich vereinigendes Westeuropa keine Rolle spielen, die der der Supermächte vergleichbar ist. Es ist unter den gegenwärtigen Umständen nicht anzunehmen, daß es dazu je über die Machtmittel verfügen wird, und auch die dazu erforderliche Einheit der Verwaltung liegt noch nicht im Bereich des Möglichen.

Zu den Perspektiven eines Zusammengehens auf dem Gebiet der Kernwaffen verweist der Ausschuß auf seinen Standpunkt zur Sicherheitspolitik. Hieraus folgert, daß er eine europäische nukleare Abschreckungsmacht vollends ablehnt. Im allgemeinen möchte der Ausschuß jegliche Form einer militärisch-nuklearen Zusammenarbeit zwischen den Mitgliedstaaten ablehnen, die bei den Vereinigten Staaten den Eindruck erwecken könnte, Europa zweifle am Wert der amerikanischen nuklearen Abschreckung oder hielte sie für weniger erforderlich.

Daß eine Europäische Union durch ihre begrenzte Machtposition nicht in der Lage sein wird, die internationalen strategischen Verhältnisse zu beeinflussen, bedeutet keineswegs, daß sie keine aktive Außenpolitik betreiben könnte. Die Umstände werden sie letzten Endes wohl dazu zwingen. Eine gemeinsame Handelspolitik, eine gemeinsame Assoziierungspolitik, eine gemeinsame Energiepolitik und eine gemeinsame Währungspolitik sind nicht denkbar, wenn nicht zugleich eine gemeinsame Betrachtungsweise der mit diesen Bereichen verbundenen politischen Aspekte gegeben ist. Die Union ist ein zu bedeutender Faktor im Weltgefüge, als daß sie sich darin passiv verhalten könnte. Angesichts der weltweiten Verflechtung ihrer Belange und Aufgaben wird sich ihr Auftreten auch nicht auf das europäische Gebiet beschränken können.

Der Ausschuß glaubt, daß zwischen den Mitgliedstaaten der Union im Bereich der internationalen Beziehungen eine Schicksalsverbundenheit und Interessengemeinschaft vorhanden ist, die die Grundlage für ein gemeinsames Vorgehen bildet. Diese Schicksalsverbundenheit wird von den Mitgliedstaaten jedoch nicht immer als Realität erfahren. Darum wird es erforderlich sein, allmählich eine gemeinsame außenpolitische Konzeption zu entwickeln – ein Prozeß, der sich jedoch nicht erzwingen läßt.

Frage 2 Bei einer einigermaßen günstigen Entwicklung innerhalb der Union erscheint dem Ausschuß jedoch ein Übergang zu einer wirklich gemeinsamen Außenpolitik realisierbar. Er hält denn auch die Aufnahme einer diesbezüglichen Zielsetzung in den Unionsvertrag für gerechtfertigt. Die Zielsetzung einer gemeinsamen Außenpolitik kann natürlich nicht in ihrer Gesamtheit verwirklicht werden, solange zwischen den Mitgliedstaaten grundlegende Meinungsverschiedenheiten auf dem Gebiet der Sicherheitspolitik vorliegen.

Angesichts solcher Erwägungen hält der Ausschuß es nicht für möglich, einen Termin für den Übergang von der Phase der Beratung und Harmonisierung zur Phase der gemeinsamen Politik festzulegen.

Frage 3 Was die institutionelle Ausstattung betrifft, die eine optimale Durchführung dieser Politik gewährleisten soll, glaubt der Ausschuß, daß die Formulierung der Politik den bereits vorhandenen Institutionen anvertraut werden kann. In diesem Zusammenhang muß auch das bestehende System der Europäischen Politischen Zusammenarbeit (EPZ) weiterentwickelt und in die Institutionen der Union inkorporiert werden. Neben einer strikten Anwendung der gemeinschaftlichen Spielregeln für die gemeinsame Handelspolitik und das gemeinsame Vorgehen in internationalen Organisationen schlägt der Ausschuß vor, daß der Rat der Union jährlich auf Vorschlag der Europäischen Kommission und nach einer Debatte im Europäischen Parlament Richtlinien für die Außenpolitik der Union und der Mitgliedstaaten festlegt. Diese Richtlinien, die zwangsläufig allgemeiner Art sein werden, sollen den Prozeß der Harmonisierung und gegenseitigen Abstimmung vereinfachen.

Die Festlegung der Richtlinien für die Außenpolitik durch den Rat soll vorerst einstimmig erfolgen. Wenn sich die Zusammenarbeit auf dem Gebiet der Außenpolitik in positivem Sinne entwickelt, werden die Organe der Gemeinschaft und die der Mitgliedstaaten allmählich mehr der gemeinschaftlichen Beschlußfassung angepaßt werden.

10. Zusammenarbeit mit Entwicklungsländern

Nach Ansicht des Beratungsausschusses wird die Zusammenarbeit mit Entwicklungsländern einen wichtigen Platz in der Gesamtheit der außenpolitischen Beziehungen der Union einnehmen müssen. Der Ausschuß legt großen Wert auf ein aktives Vorgehen der Union bei den entscheidenden Fragen der Entwicklung der „dritten Welt" und der damit zusammenhängenden Probleme einer besseren Ordnung der Weltwirtschaft. Hierbei spielen sowohl Überlegungen der Gerechtigkeit und Solidarität als auch die hervorragende Stellung, die die Union auf verschiedenen Gebieten in der Welt einnimmt, eine Rolle.

Nach Auffassung des Ausschusses ist es sinnvoll und konsequent, die Verwirklichung einer gemeinsamen Politik bei der Zusammenarbeit mit Entwicklungsländern der Europäischen Union zu übertragen.

Frage 2 Diese Politik sollte durch folgende Faktoren bestimmt sein:

a) die Notwendigkeit, der Politik der Union einen weltweiten Charakter zu geben und sie auf die internationale Entwicklungsstrategie abzustimmen,
b) die Notwendigkeit einer Abstimmung der Politik auf die Bemühungen der

Entwicklungsländer um *self-reliance* einerseits und auf die Schaffung einer ausgewogeneren Wirtschaftsordnung andererseits, die für die wirtschaftliche Entwicklung und den sozialen Fortschritt der Entwicklungsländer erforderlich ist,

c) die Notwendigkeit, die Entwicklungspolitik nicht auf „Hilfeleistung" zu beschränken, sondern als integralen Bestandteil der gesamten sozialökonomischen Politik der Union zu werten.

Die Standortbestimmung der gemeinsamen Entwicklungspolitik innerhalb der Union hängt zu einem Teil mit der Tatsache zusammen, daß diese Politik mit vielen politischen Bereichen verbunden ist, in denen innerhalb der Union die Befugnisse ganz oder großenteils gemeinschaftlich ausgeübt werden sollen. Will man den integralen Zusammenhang der Politik zu seinem Recht kommen lassen, so wird auch die Zusammenarbeit mit Entwicklungsländern zu einem großen Teil der Union übertragen werden müssen. Andererseits hängt die Zusammenarbeit mit Entwicklungsländern eng mit der Außenpolitik zusammen, da wichtige Fragen der Entwicklungspolitik von außerordentlicher politischer Bedeutung sind.

Die Entwicklung einer gemeinschaftlichen Konzeption für die zu betreibende Entwicklungspolitik ist daher geboten. In der Zeit vor der Verwirklichung der Währungsunion sollte der Rat die Richtlinien für die Zusammenarbeit der Gemeinschaft mit Entwicklungsländern ausarbeiten. Bis zu diesem Zeitpunkt entscheidet der Rat einstimmig über die Schaffung neuer Fonds der Gemeinschaft; anschließend mit qualifizierter Stimmenmehrheit. Die Aspekte der Zusammenarbeit mit Entwicklungsländern, die Gebiete betreffen, die bereits Gegenstand der Gemeinschaftspolitik sind (Handelspolitik, Agrarpolitik usw.), sollen in der Union in vollem Umfang der Beschlußfassung der Gemeinschaft unterworfen werden, einschließlich des Auftretens in internationalen Gremien.

11. Die Verteidigungspolitik

Ganz allgemein erscheint dem Ausschuß bei Fortsetzung des Integrationsprozesses und der weitergehenden Kooperation in der Außenpolitik eine engere Zusammenarbeit auch auf dem Gebiet der Verteidigung wünschenswert.

Hierbei ist jedoch zu bedenken, daß gerade auf diesem Gebiet deutliche Beschränkungen vorliegen. Die wichtigste Beschränkung hat ihre Ursache darin, daß sich die Länder der Europäischen Gemeinschaft mit Ausnahme von Irland zur Gewährleistung ihrer Sicherheit mit anderen Ländern im Atlantischen Bündnis zusammengeschlossen haben, in dem die für Europa wesentliche Nukleargarantie der Vereinigten Staaten verankert ist.

Frage 4 Der Ausschuß ist der festen Überzeugung, daß die europäischen NATO-Länder auch nach 1980 nicht in der Lage sein werden, ihre Sicherheit ohne die Hilfe der Vereinigten Staaten zu gewährleisten. Dem liegt primär die Überlegung zugrunde, daß eine selbständige europäische Verteidigung strategisch, wirtschaftlich und technologisch nicht realisierbar ist. Allerdings müßten innerhalb der Union geführte ministerielle Vorberatungen eine möglichst gute gegenseitige Abstimmung der Standpunkte zur Sicherheitspolitik im Rahmen der NATO zum Ziel haben, die eventuell zu einer gemeinsamen Standortbestimmung führen könnte. Eine Annäherung der sicherheitspolitischen Konzeption ist besonders erwünscht.

Es ist nicht zu erwarten, daß eine substantielle Verteidigungszusammenarbeit in einer Europäischen Union von einem Tag auf den anderen Gestalt erhält. Angesichts der Kompliziertheit der Materie wird ihre Verwirklichung erst auf lange Sicht möglich sein.

Frage 2 Angesichts der mangelnden Übereinstimmung über die Grundzüge der Sicherheitspolitik und der Optionen, die in jedem Fall auszuschließen sind, ist der Ausschuß der Auffassung, daß sich die Zusammenarbeit auf konkrete Aspekte der Verteidigungspolitik im konventionellen Bereich richten muß, wobei insbesondere an folgendes gedacht werden kann:

A) Materialforschung und -entwicklung
   - Materialproduktion und -beschaffung
   - logistische Versorgung und Unterstützung der Streitkräfte
   - Ausbildung von Personal
   - gemeinsame Nutzung bestimmter Möglichkeiten, beispielsweise auf dem Gebiet der Ausbildung
   - gemeinsame Budgetierung bzw. Koordinierung auf den vorbezeichneten Gebieten

B) Daneben wäre an einen regelmäßigen allgemeinen Gedankenaustausch über Art und Umfang der Verteidigungsanstrengungen jedes Mitgliedslandes zu denken, soweit diese zur gemeinsamen Sicherheit beitragen.

Bei der Verwirklichung dieser Zielsetzungen wird ein ad hoc-Vorgehen nicht genügen, da die politischen und wirtschaftlichen Probleme höchstwahrscheinlich zu umfangreich und kompliziert sind. Es wird ein systematischeres Vorgehen erforderlich sein.

Frage 3 Die wichtigsten Beschlüsse für die Zusammenarbeit auf dem Gebiet der Verteidigung wird der Rat der Europäischen Union fassen müssen. Den diesbezüglichen Sitzungen sollen die Verteidigungsminister gemeinsam mit den Außenministern der Mitgliedstaaten beiwohnen. Die Durchführung der Beschlüsse sollte den innerstaatlichen Verwaltungen oder eigens hierfür einzusetzenden Projektgruppen oder Verwaltungskörperschaften überlassen werden. Angesichts der Wichtigkeit einer ständigen engen Zusammenarbeit im Rahmen der NATO wäre die Möglichkeit regelmäßiger Zusammenkünfte der Minister der Union mit dem NATO-Rat bzw. dem „Defence Planning Committee" vorzusehen.

Die Europäische Kommission sollte u. a. beauftragt werden, Vorschläge für die operationellen Bedarfsbestimmungen sowie die Entwicklung, Beschaffung und Produktion von Material zu unterbreiten. Der Kommission könnten ebenfalls bestimmte Exekutivbefugnisse eingeräumt werden. Außerdem könnte sie eine nützliche stimulierende Funktion beim allgemeinen Gedankenaustausch im Rat erfüllen.

Das Europäische Parlament müßte natürlich auch in den hier beschriebenen Tätigkeitsbereichen der Union seine Befugnisse ausüben.

12. Institutionelle Struktur und Beschlußfassung

Nach der Schlußerklärung der Pariser Gipfelkonferenz vom Oktober 1972 hat die Bildung einer Europäischen Union „in absoluter Einhaltung der bereits geschlossenen Verträge“ zu erfolgen (Paragraph 16). Der Ausschuß folgert hieraus, und er schließt sich dieser Schlußfogerung gerne an, daß die Staats- und Regierungschefs beabsichtigen, die bestehenden Europäischen Gemeinschaften mit ihrer eigenen institutionellen Struktur und Beschlußfassungsmethode innerhalb der Union weiterhin in vollem Umfang funktionieren zu lassen. Zugleich muß die Gemeinschaft mit der Durchführung der Wirtschafts- und Währungsunion und der zusätzlichen Bereiche der Politik beauftragt werden.

Frage 3 Der Ausschuß ist der Auffassung, daß die Beschlußfassungsorgane der Gemeinschaften – Kommission, Ministerrat, Europäisches Parlament, Wirtschafts- und Sozialausschuß und Gerichtshof – im Prinzip für die Aufgaben geeignet sind, die den Institutionen in der Europäischen Union gestellt werden sollen, und zugleich die Keimzelle für weitere Entwicklungen in Richtung eines vollwertigen europäischen Regierungssystems sein können.

Es steht jedoch außer Zweifel, daß die Beschlußfähigkeit und der demokratische Charakter der Institutionen verstärkt werden müssen, damit sie die Aufgaben der Union erfüllen können. Im Hinblick hierauf unterbreitet der Ausschuß Vorschläge.

12.1. Der Rat

Frage 3 Nach Auffassung des Beratungsausschusses muß der *Unionsrat* das ministerielle Beschlußfassungsorgan der Union sein. Seine Zuständigkeit sollte sich auf alle Angelegenheiten erstrecken, die in den heutigen Gemeinschaften zur Diskussion stehen, auf die Wirtschafts- und Währungsunion, die zusätzlichen Bereiche der Politik und auf Angelegenheiten der Außenpolitik und der Verteidigung. Der Rat kann natürlich in unterschiedlicher Zusammensetzung tagen, so auch auf der Ebene der Regierungschefs. In letztgenannter Zusammensetzung müßte der Rat sich jedoch auf die Festlegung allgemeiner politischer Leitlinien beschränken.

Angesichts der Überlastung der Mitglieder des Rates sieht der Ausschuß Vorteile in der Einsetzung *besonderer europäischer Regierungsvertreter*, Minister oder Staatssekretäre, die in Brüssel in wöchentlichen Ratssitzungen eine große Anzahl politisch weniger umstrittener Angelegenheiten zum Abschluß bringen und in den nationalen Kabinettsberatungen darauf hinwirken können, daß aktuelle europäische Entwicklungen und Konzeptionen die erforderliche Beachtung finden. Diese Neuerung müßte jedoch Bestandteil eines Maßnahmenkatalogs sein, der u. a. auf die Festigung der Position der Kommission abzielt, da andernfalls die Position des Rats auf Kosten der Kommission weiter verstärkt werden würde.

Eine Abwendung von der *Mehrheitsvorschrift* steht nach Ansicht des Ausschusses im Widerspruch zu den Verträgen und beeinträchtigt die Beschlußfähigkeit erheblich. Eine getreue Befolgung der geltenden Vorschriften – d. h. man muß bereit sein, nach einer angemessenen Beratungszeit über die betreffenden Maßnahmen abzustimmen – ist nach Auffassung des Ausschusses der einzig richtige Weg zur Beseitigung des gegenwärtigen institutionellen Engpasses. Das Festhalten an der entwickelten Praxis der Einstimmigkeit würde für das Funktionieren der Gemeinschaften und der Union fatal sein. Die Währungsunion würde bei Aufrechterhaltung des Einstimmigkeitsprinzips einfach nicht funktionieren können. Eine Berufung auf „lebenswichtige Interessen" läßt sich mit einer gemeinsamen Wirtschafts- und Währungspolitik nicht in Einklang bringen, da die Entscheidungen auf diesem Gebiet immer lebenswichtige Interessen berühren. Die potentielle Ratsmehrheit und die Kommission werden daher auch gemeinsam die Frage beurteilen müssen, ob bestimmte Entscheidungen nach Abwägung des Gemeinschaftsinteresses, der verschiedenen nationalen und anderen Interessen den Belangen der Minderheit in angemessener Weise Rechnung tragen. Nur in Fällen wie der Zulassung neuer Mitglieder und der Änderung der Verträge sowie auf dem Gebiet der Außenpolitik und der Verteidigung ist das Prinzip der Einstimmigkeit zunächst noch aufrechtzuerhalten.

12.2. *Die Europäische Kommission*

Frage 3 Die Europäische Kommission sollte in der Union dieselbe zentrale Rolle spielen, die ihr auch innerhalb der Gemeinschaften zugeteilt ist. Ihr Tätigkeitsbereich müßte dementsprechend erweitert werden, wobei ihr vor allem im Rahmen der Währungsunion und der zusätzlichen Bereiche der Politik wichtige neue Kompetenzen übertragen werden sollten. Auf dem Gebiet der Außenpolitik und der Verteidigung werden ihre Befugnisse vorläufig noch beschränkter sein, wenngleich auch hier ihre Funktion als Initiator zum Zuge kommen sollte.

Angesichts der Bedeutung ihrer Empfehlungen und Beschlüsse ist eine Kommission mit politischer Funktion erforderlich.

Das *exklusive Initiativrecht der Europäischen Kommission* soll wieder besser zu seinem Recht kommen. Die Möglichkeit hierzu wird durch die Gesamtheit der übrigen institutionellen Vorschläge dieses Berichts eröffnet.

Bei der Verteilung der Befugnisse zwischen Rat und Kommission in den neuen Protokollen und Vertragsbestimmungen sollte man sich nach Ansicht des Beratungsausschusses auch von dem Gedanken leiten lassen, daß der Rat auf Vorschlag der Kommission und im Einvernehmen mit dem Parlament die politischen Entscheidungen (eine politische Wahl) und die Kommission die Verwaltungsentscheidungen trifft (regelmäßige Anwendung der im Vertrag oder vom Rat und dem Parlament festgelegten politischen Regeln und Leitlinien). In diesem Rahmen sollte eine viel weitergehende Übertragung von Befugnissen an die Kommission stattfinden.

Das Verfahren zur Ernennung von Kommissionsmitgliedern sollte in dem Sinne geändert werden, daß eine größere Einheit und Unabhängigkeit der Kommission gewährleistet wird. Im Hinblick hierauf sollte die Zustimmung des Europäischen Parlaments zur Ernennung des Präsidenten der Kommission verlangt werden. Die übrigen Kommissionsmitglieder sind von den Regierungen der Mitgliedstaaten nach Rücksprache mit dem Präsidenten zu ernennen. Der Präsident stellt sich sodann dem Europäischen Parlament zur Abgabe des Vertrauensvotums vor.

Neben den Befugnissen und politischen Verantwortlichkeiten für alle politisch wichtigen Entscheidungen sollte die Kommission die Möglichkeit erhalten, einzelnen Kommissionsmitgliedern Entscheidungsbefugnisse zu übertragen. Notwendigerweise sind die Kommissionsmitglieder in diesem Falle dem Europäischen Parlament gegenüber verantwortlich.

12.3. Das Europäische Parlament

Der Beratungsausschuß ist der Überzeugung, daß eine Verstärkung des parlamentarisch-demokratischen Charakters der institutionellen Struktur der Union für ihr gutes Funktionieren unentbehrlich ist und für die Kompensierung des Verlustes an nationaler parlamentarischer Mitsprache wesentliche Bedeutung hat.

Frage 3 Eine erhebliche Verstärkung der Position des Europäischen Parlaments wird bereits durch das vorgeschlagene Ernennungsverfahren für die Mitglieder der Europäischen Kommission erreicht.

Ferner ist dem Parlament ein *Mitspracherecht* bei wichtigen gemeinschaftlichen Regelungen einzuräumen, die der Ministerrat festlegt, also eine Mitgesetzgebungsbefugnis.

Von wesentlicher Bedeutung ist außerdem natürlich, daß 1978 *Direktwahlen* für die Mitglieder des Parlaments eingeführt werden.

Diese Wahlen werden die Legitimität des Parlaments festigen, die Anerkennung einer Mitgesetzgebungsbefugnis fördern und einen Beitrag zur Integration an der politischen Basis liefern.

Schließlich ist eine *enge Zusammenarbeit zwischen dem Europäischen Parlament und den nationalen Volksvertretungen*, beispielsweise in Form eines regelmäßigen Zusammentretens von Ausschüssen des Europäischen Parlaments mit dem Vorsitzenden und einigen Mitgliedern entsprechender nationaler parlamentarischer Ausschüsse von großer Bedeutung.

12.4. Der Gerichtshof

Frage 3 Angesichts der weitgehenden Befugnisse der Institutionen der Union wird die Funktion des Gerichtshofs mehr Bedeutung erlangen. Der Beratungsausschuß empfiehlt in diesem Zusammenhang, die Möglichkeiten für Privatpersonen, beim Gerichtshof Berufung gegen Handlungen der Institutionen einzulegen, zu erweitern. Ferner sollte die Regelung bezüglich der vom Gerichtshof auf Antrag der Richter eines Mitgliedstaats zu treffenden Vorabentscheidungen über Auslegung und Gültigkeit des Gemeinschaftsrechts ergänzt werden. Außerdem sollten Maßnahmen mit dem Ziel getroffen werden, auch Beschlüsse, die unter Mitwirkung des Europäischen Parlaments gefaßt werden, der Rechtsmäßigkeitskontrolle des Gerichtshofs zu unterwerfen.

Der Beratungsausschuß ist außerdem der Meinung, daß in den Unionsvertrag ein Artikel aufgenommen werden muß, in dem die Union ausdrücklich die Bestimmungen der Europäischen Konvention der Menschenrechte und Grundfreiheiten hinsichtlich des Auftretens der Institutionen im Rahmen der Verträge für anwendbar erklärt. Gleichzeitig sollte ein Artikel in die Verträge aufgenommen werden, in dem die Mitgliedstaaten ihre Gebundenheit an die Verpflichtungen aus dieser Konvention und die Einhaltung der sich daraus ergebenden Verfahren bekräftigen.

12.5. Der Wirtschafts- und Sozialausschuß
Aufgabe und Struktur dieses Organs sind zu revidieren.

12.6. Der Europäische Währungsverwaltungsrat

Frage 3 Es ist ein Europäischer Währungsverwaltungsrat einzusetzen, der das kommunautäre Zentralbankensystem verwalten soll. Dieser Ausschluß soll sich aus den Präsidenten der acht Zentralbanken sowie einem Präsidenten und zwei Vizepräsidenten zusammensetzen, die von der Europäischen Kommission im Einvernehmen mit den acht vorgenannten Präsidenten zu ernennen sind. Entscheidungen sollten mit einfacher Stimmenmehrheit und eventuell einer größeren Stimmenmehrheit getroffen werden. Letzteres in den Fällen, in denen der Präsident und die Vizepräsidenten sich der Stimme enthalten. Für das Verhältnis des Europäischen Währungsverwaltungsrats zu den politischen Organen der Gemeinschaft muß eine Zwischenlösung gefunden werden, und zwar zwischen dem deutschen System uneingeschränkter Unabhängigkeit der Zentralbank und dem französischen System starker Abhängigkeit.

12.7. Unter den Auspizien der Europäischen Kommission soll ein *Europäisches Büro für Wirtschaftsorientierung* gegründet werden.

13. Schlußwort

Der Beratungsausschuß unterbreitet eine Gesamtheit von Vorschlägen zur Erweiterung und Intensivierung der Gemeinschaft und zur Erhöhung ihrer Zweckmäßigkeit und Unterstützung ihres demokratischen Funktionierens. Angesichts des inhaltlichen Zusammenhangs dieser Vorschläge bittet der Beratungsausschuß den Minister, bei den Beratungen mit den anderen Regierungen die Vorschläge in ihrer Gesamtheit zu berücksichtigen. Die Lebensfähigkeit der Union hängt letztlich von ihrem Inhalt ab.

In diesem Sinne können Möglichkeiten für die Institutionen der Union und für die politischen und sozialökonomischen Kräfte mit dem Ziel geschaffen werden, die Union in breiten Kreisen zu einer lebendigen Wirklichkeit zu machen.

Für ein tatkräftiges Auftreten der Union ist es in diesem Zusammenhang besonders wichtig, daß sie effizient funktionieren kann. Darüber hinaus muß aber auch eine Solidarität entstehen, die alle gesellschaftlichen Gruppierungen und alle Regionen umfaßt.

Der Beratungsausschuß weist darauf hin, daß die Währungsunion bei der Verwirklichung der Gesamtheit seiner Vorschläge eine Schlüsselstellung einnimmt. Die Aussicht auf die Gründung dieser Union und ihr allmählicher Ausbau sind für die Schaffung einer weitergehenden politischen und wirtschaftlichen Integration Europas unentbehrlich. Die Schaffung einer Währungsunion ist nur möglich, wenn die Mitgliedstaaten bereit sind, in einigen sehr wesentlichen Punkten der Währungs- und Haushaltspolitik ihre Befugnisse nicht mehr national, sondern im Rahmen der Union auszuüben. Wenn die Regierungen diese Konsequenzen nicht akzeptieren wollen, ist es besser, von einer monetären Integration Europas abzusehen. Man wird sich dann mit einer weniger weittragenden zwischenstaatlichen Lösung, dem vom Beratungsausschuß vorgeschlagenen Währungsblock, begnügen müssen.

Man sollte sich dabei jedoch vor Augen halten, daß ein solcher Währungsblock lediglich ein Versuch ist, den Gemeinsamen Markt aufrechtzuerhalten. In diesem Fall bleibt man in Europa weiterhin den Unbeständigkeiten ausgesetzt, die einer solchen Form der Zusammenarbeit inhärent sind, und man darf sich keine Illusionen über die Möglichkeiten einer Fortsetzung der Integration machen. Die weitere Integration vollzieht sich nämlich nicht automatisch, sondern erfordert neue und weitreichende politische Entscheidungen.

Der Beratungsausschuß hat in seinem Bericht der Regierung empfohlen, im Rahmen des Ende dieses Jahres stattfindenden Gedankenaustausches über die Europäische Union deutlich zum Ausdruck zu bringen, daß es notwendig ist, neue Zielsetzungen zu formulieren und grundlegende Entscheidungen zu treffen, deren Konzeption und Bedeutung den Beschlüssen gleichwertig sind, die zu den Verträgen von Paris und Rom geführt haben. Bei der Europäischen Union geht es um wesentliche Veränderungen in den Beziehungen der Länder, deren Verwirklichung nur möglich ist, wenn sich die Regierungen nicht nur von der Sorge um die Lösung aktueller Probleme, sondern auch von einer politischen Konzeption auf lange Sicht leiten lassen.

Anmerkungen zur Dokumentation

1 Bei der Einsetzung des Beratungsausschusses „Europäische Union" am 8. Mai 1974 hat der Minister der Auswärtigen Angelegenheiten dem Ausschuß die Freiheit gelassen, die Probleme und Perspektiven der Europäischen Integration auch in ihrer Allgemeinheit zu betrachten, aber die Fragestellung insbesondere auf die vier Punkte der Aufgabenstellung gerichtet. Die Antworten auf diese Fragen sind in verschiedenen Teilen des vorliegenden Berichts zu finden. In dieser Zusammenfassung sind sie am Rand vermerkt, wobei die betreffende Frage das erste Mal in einer Fußnote wiederholt wird.

2 Welche Rolle soll die künftige Europäische Union in dem europäischen Integrationsprozeß spielen, wenn man dessen Entwicklung seit der Gründung der Europäischen Gemeinschaften in Betracht zieht? Stellt diese Union in irgendeiner Weise ein Endstadium dar, oder ist sie als eine Etappe, der andere folgen, zu betrachten?

3 In welchem Sinne ist der Teilsatz aus dem Schlußkommuniqué der Pariser Gipfelkonferenz zu verstehen, demzufolge die „Gesamtheit der Beziehungen der Mitgliedstaaten" in eine Europäische Union umgewandelt werden soll? Welche Zielsetzungen und Befugnisse sollten unter Berücksichtigung der politischen Realitäten der Union zuerkannt werden und wie sollte sich die Ausübung dieser Befugnisse durch die Union im Verhältnis zu ihrer Ausübung durch die Mitgliedstaaten und insbesondere die Niederlande vollziehen? Welche Sicherheiten wären im Hinblick auf die Verwirklichung der von der Kommission als wesentlich erachteten Zielsetzungen anzustreben?

4 Über welche Organe sollte die Union verfügen und wie sollte die Beschlußfassung erfolgen? Welche Rolle sollte insbesondere einem Organ mit supranationalen Befugnissen, der Volksvertretung und dem Organ, in dem die Mitgliedstaaten vertreten sind, zufallen?

5 Wie stellt man sich die externe Standortbestimmung der Europäischen Union vor: in Europa, außerhalb Europas und insbesondere im Verhältnis zu anderen wichtigen Formen der Kooperation, an denen die Niederlande beteiligt sind?

Stichwortregister

Anmerkungen

1 Texte zur Europäischen Politischen Zusammenarbeit (EPZ), herausgegeben vom Presse- und Informationsamt der Bundesregierung, Bonn 1976, Seite 36.
2 Tindemans-Bericht über die Europäische Union, Europa-Archiv Folge 3/1976, Seite D 36ff. Der Bericht wurde außerdem im Wortlaut als Sonderbeilage zur *Europa Union/Europäische Zeitung,* Stockenstr. 1–5 53 Bonn 1, veröffentlicht. Ebenfalls im Wortlaut findet sich der Bericht in: Schneider/ Wessels (Hrsg.) Auf dem Wege zur Europäischen Union? Europa Union Verlag, Bonn 1977.
3 Europäische Union / Bericht des Beratungsausschusses der niederländischen Regierung (Spierenburg-Bericht), Europa Union Verlag, Bonn 1976, Seite 17.
4 Spierenburg-Bericht Seite 28.
5 Bulletin des PIA vom 20. Januar 1978.
6 Callaghan-Briefe, Europa-Archiv Folge 2/1978, Seite D 44–49.
7 Spierenburg-Bericht Seite 27.
8 Tindemans-Bericht Seite D 56.
9 Vgl. Anm. 6.
10 Europäisches Parlament, Beilage zur Europäischen Zeitung, Bonn, Februar 1978.
11 Europäische Zeitung, Bonn, Februar 1978, Seite 6.
12 Vgl. hierzu W. Weidenfeld, Konrad Adenauer und Europa, Europa Union Verlag, Bonn 1976.
13 Osterroth/Schuster, Chronik der deutschen Sozialdemokratie, Band II, Verlag J.H.W. Dietz Nachf. Berlin/Bonn 1975, Seite 165.
14 Eine detailliert dokumentierte Darstellung der sozialdemokratischen Europapolitik gibt Rudolf Hrbek, Die SPD und Europa, Europa Union Verlag, Bonn 1972.
15 Tindemans-Bericht Seite D 78.
16 Spierenburg-Bericht Seite 29.
17 Spierenburg-Bericht Seite 26.
18 Spierenburg-Bericht Seite 24, 25, 27.
19 Vgl. Anm. 5
20 Texte zur Europäischen Politischen Zusammenarbeit vgl. Anm. 1, außerdem: Otto von der Gablentz, Wege zu einer europäischen Außenpolitik, und Rudolf Hrbek, Integrationsschub durch gemeinsame Außenbeziehungen? in: Schneider/Wessels (Hrsg.) Auf dem Weg zur Europäischen Union? Europa Union Verlag, Bonn 1977.
21 Zitiert nach Edouard Poullet/Gérard Deprez, Struktur und Macht der EG-Kommission, Europa Union Verlag, Bonn 1976, Seite 90.
22 Ebd. Seite 91.
23 Vgl. dazu Karlheinz Koppe, Das grüne E setzt sich durch, Europa Union Verlag, Bonn 1967, Seite 128ff., und Ernst Friedlaender/Katharina Focke, Europa über den Nationen, Europa Union Verlag, Bonn 1963, Seite 85ff.
24 Vgl. Anm. 11.
25 Christoph Sasse, Regierungen, Parlamente, Ministerrat – Entscheidungsprozesse in der Europäischen Gemeinschaft, Europa Union Verlag, Bonn 1975, Seite 215 und 217.
26 Johan Galtung, Kapitalistische Großmacht Europa oder die Gemeinschaft der Kon-

zerne? rororo aktuell Nr. 1651, Reinbek bei Hamburg 1973, Seite 27ff., vor allem auch die Kapitel 4 (Die ressourcenbedingte Macht der Gemeinschaft), 5 (Die strukturbedingte Macht der Gemeinschaft) und 9 (pax bruxellana – die europäische Supermacht).

27 Tindemans-Bericht Seite D 56, 57, 59.

28 Spierenburg-Bericht Seite 21/22.

29 Louis Janz, Irrlicht oder Leitbild? Pressemappe des Büros der Europäischen Gemeinschaften in Bonn, Zitelmannstraße 22, zum 20. Jahrestag der Unterzeichnung der Römischen Verträge am 25. März 1977.

30 Richard Coudenhove-Kalergi, Paneuropa, Wien/Leipzig 1923, Auszüge in Europa, Dokumente zur Frage der europäischen Einigung, Oldenbourg Verlag, München 1962, Band 1, Seite 1–2.

31 Europa, Dokumente zur Frage der europäischen Einigung, Oldenbourg Verlag, München 1962, Band 1, Seite 29ff.

32 Ebd. Seite 4ff.

33 Ernst Friedlaender, Wie Europa begann, Europa Union Verlag, Bonn 1965, insbesondere Seite 39ff., und Walter Lipgens, Die Anfänge der europäischen Einigungspolitik 1945–1950, Ernst Klett Verlag, Stuttgart 1977, Band 1, Seite 43–57 und 109–145.

34 Europa – Verträge und Gesetze, Europa Union Verlag, Bonn 1972, Seite 348.

35 Ebd. Seite 3.

36 Ebd. Seite 74.

37 Tindemans-Bericht Seite D 56.

38 The Federalist, Alexander Hamilton, John Jay, James Madison, mit einer Einführung von Edward Earle, The Modern Library, Random House, New York, o. J.

39 Europa, Dokumente Seite 545–586.

40 Ebd. Seite 136ff. und 607ff.

41 Heinrich Siegler, Dokumentation der Europäischen Integration 1946–1961, Bonn 1961, Seite 62, 71.

42 Europa, Dokumente, Seite 610.

43 Einen sehr detaillierten Überblick über die Konstituierung und Entwicklung solcher föderalistischer Gruppen, vor allem in Frankreich, gibt Lipgens in seiner Arbeit (Anm. 33), Seite 347ff.

44 Beispielsweise die Forderung „Planwirtschaft für die Grundindustrien", Europa, Dokumente Seite 553ff.

45 Europa, Dokumente, Seite 115–116.

46 Koppe, Das grüne E, Seite 185–187.

47 Europa, Dokumente, Seite 126–136.

48 Koppe, Das grüne E, Seite 20.

49 Europa, Dokumente, Seite 113–115.

50 Koppe, Das grüne E, Seite 57.

51 Vgl. Anm. 6.

52 Wortlaut der Konvention in Siegler, Dokumentation, Seite 10ff.

53 Koppe, Das grüne E, Seite 189–190.

54 Europa – Verträge und Gesetze, Seite 348.

55 Europa, Dokumente, Seite 587ff.

56 Ebd. Seite 386.

57 Ebd. Seite 397ff.

58 Ebd. Seite 439ff.

59 Ebd. Seite 515ff.

60 Eine zusammenfassende Darstellung der Tätigkeit des Europarates gibt der Sammelband „Das Europa der Siebzehn", Europa Union Verlag, Bonn 1974.
61 Europa – Verträge und Gesetze, Seite 3ff. Der Wortlaut der Erklärung Robert Schumans findet sich in: Europa, Dokumente, Band II, Seite 680–682.
62 Europa, Dokumente, Band II, Seite 848, 849.
63 Vergleiche hierzu die vorzügliche Dokumentierung durch Rudolf Hrbek (Anm. 14).
64 Europa, Dokumente, Band II, Seite 947ff.
65 Wortlaut der beiden Verträge in: Europa – Verträge und Gesetze.
66 Wortlaut der Luxemburger Vereinbarung in: Europa-Archiv Folge 4/1966, Seite D 85–86.
67 Bonn 238041 – Zahlen – Fakten – Argumente über die Europäischen Gemeinschaften, Büro der EG Bonn, Oktober 1977.
68 Spierenburg-Bericht Seite 22–23.
69 Der Außenhandel der Europäischen Gemeinschaft (1958–1974), Europäische Dokumentation 1976/1, Büro der EG Bonn.
70 Klaus Busch, Die Integration der Europäischen Gemeinschaft in der Krise – die Ursachen des Scheiterns der Wirtschafts- und Währungsunion. Arbeitspapier vorgelegt zum 7. Wissenschaftlichen Kolloquium der Arbeitsgemeinschaft für Friedens- und Konfliktforschung, Bonn-Bad Godesberg 6.–8. Oktober 1976.
71 Quelle vgl. Anm. 67.
72 Berechnet anhand des Statistischen Jahrbuchs 1977 und früherer Ausgaben, herausgegeben vom Statistischen Bundesamt, Verlag W. Kohlhammer.
73 Tindemans-Bericht Seite D 70.
74 Informatorische Aufzeichnung der Kommission P–101, Oktober 1977.
75 Süddeutsche Zeitung vom 11. Januar 1978.
76 Weltbank Jahresbericht 1975, Seite 109.
77 Ebd. Seite 106.
78 UNCTAD Handbook of International Trade and Development Statistícts und United Nations Monthly Bulletin of Statistics, April 1974.
79 euroforum – europa von tag zu tag, Nr. 9/77, herausgegeben von der Europäischen Kommission, Geraldirektion Information, Brüssel.
80 Adolf Kohler, Europa, eine Aufgabe der Christen – Europa, ein Auftrag an die Europäer, in: Berichte und Dokumente des Zentralkomitees der deutschen Katholiken, Heft Nr. 31, Bonn 2, Juni 1977.
81 Vgl. Anm. 1 Seite 34.
82 Tindemans-Bericht Seite D 57.
83 Spierenburg-Bericht Seite 26.
84 Vgl. Anm. 60.
85 Vgl. Anm. 29.
86 Vgl. Anm. 79.
87 Tindemans-Bericht Seite D 72.
88 Rede von Roy Jenkins in Florenz am 27. Oktober 1977 in: Europa Archiv Folge 1/78, Seite D 10ff.
89 Ebd. Seite D 9.
90 Spierenburg-Bericht Seite 17.
91 John Pinder, Das extranationale Europa, in: Integration 1/78, Beilage zur Europäischen Zeitung, Bonn.
92 Otto von der Gablentz, Wege zu einer europäischen Außenpolitik, vgl. Anm. 20, Seite 106.

93 Ebd. Seite 103 ff.
94 Spierenburg-Bericht Seite 29.
95 Werner von Simson, Der Staat und die Staatengemeinschaft, Nomos-Paperback, Baden-Baden 1978, Seite 135.
96 Ebd. Seite 143.
97 Tindemans-Bericht Seite D 57, 60, 77, 83, 84.
98 Spierenburg-Bericht Seite 22.

Die Autoren

Karlheinz Koppe, geboren am 5. Mai 1929 in Breslau. Nach Wander- und Studienjahren in Paris und Nordafrika seit 1952 deutscher Sekretär im Generalssekretariat der Union Europäischer Föderalisten in Paris. 1954 Mitarbeiter der Europa-Union Deutschland und Redakteur der Zeitung „Europa Union". Generalsekretär der Aktion Europäischer Föderalisten und des Deutschen Rates der Europäischen Bewegung. 1970 Niederlegung aller europäischen Ämter. Aufbau eines Kommunikations- und Informationszentrums für Ost- und Südostasien mit Sitz in Singapur im Auftrage der Friedrich-Ebert-Stiftung. 1972 Berufung zum Vorstand und Geschäftsführer der von Gustav Heinemann gegründeten Deutschen Gesellschaft für Friedens- und Konfliktforschung.

Hendrik Brugmans, Prof. Dr. phil., geboren am 13. Dezember 1906 in Amsterdam. Studium an den Universitäten Amsterdam und Paris. 1935 Präsident des Instituts für Arbeiterbildung in den Niederlanden. 1939 Abgeordneter der Sozialistischen Partei im Parlament. 1944 in der Widerstandsbewegung *Je maintiendrai* tätig. Mitautor des Hertensteiner Programms der Union Europäischer Föderalisten, zu deren erstem Präsidenten er gewählt wurde (Dezember 1946). Im Frühjahr 1956 verläßt er gemeinsam mit Karlheinz Koppe die UEF und gründet im September desselben Jahres die Aktion Europäischer Föderalisten, die ihn zum Präsidenten wählt. Rektor des Europa-Kollegs in Brügge von 1950 bis 1972.